Do Feudalismo ao Capitalismo
UMA DISCUSSÃO HISTÓRICA

Theo Santiago
organização e introdução

Do Feudalismo ao Capitalismo
Uma Discussão Histórica

Textos e Documentos 2

editora**contexto**

Copyright © 1988 Theo Santiago
Todos os direitos desta edição reservados à
Editora Contexto (Editora Pinsky Ltda.)

Coleção
Textos e Documentos

Projeto de capa
Ebe Christina Spadaccini

Ilustração de capa
Detalhe de "O nascimento de Vênus", Botticelli (1445-1510)

Primeira e segunda edição
Livraria Eldorado Tijuca Ltda. (1974 e 1975)

Dados Internacionais de Catalogação na Publicação (CIP)
(Câmara Brasileira do Livro, SP, Brasil)

Santiago, Theo
Do feudalismo ao capitalismo: uma discussão histórica/
organização e introdução. – 11. ed. – São Paulo :
Contexto, 2024. – (Coleção Textos e Documentos; 2)

ISBN 978-85-7244-118-6

1. Capitalismo - História. 2. Feudalismo.
3. História econômica. I. Santiago. II. Série

88-1463	CDD-330.09
	-306.3
	-33012209
	- 940.14

Índices para catálogo sistemático:
1. Capitalismo: História   330.12209
2. Economia: História   330.09
3. Feudalismo: Europa: História   940.14
4. Feudalismo: Sistema de produção: Sociologia   306.3

2024

Editora Contexto
Diretor editorial: *Jaime Pinsky*

Rua Dr. José Elias, 520 – Alto da Lapa
05083-030 – São Paulo – SP
PABX: (11) 3832 5838
contato@editoracontexto.com.br
www.editoracontexto.com.br

Proibida a reprodução total ou parcial.
Os infratores serão processados na forma da lei.

*A Roberto Oswaldo Cruz,
que me ensinou a duvidar
das minhas próprias certezas.*

SUMÁRIO

Prefácio à 3ª edição   9

Introdução   11

Evolução do sistema feudal europeu   20
Charles Parain

A transição do feudalismo ao capitalismo   37
Pierre Vilar

Uma discussão histórica: do feudalismo ao capitalismo   50
G. Procacci, G. Lefebvre, A. Soboul

A crise geral da economia europeia no século XVII   78
Eric Hobsbawm

A crise geral do século XVII   125
H. R. Trevor-Roper

PREFÁCIO À 3ª EDIÇÃO

Esta coletânea foi planejada no Departamento de História da Pontifícia Universidade Católica do Rio de Janeiro em 1974 (ano em que foi publicada sua primeira edição; o título *Capitalismo: transição* saiu truncado por força dos editores).

Fora os textos editados em Portugal sob o título *A transição do feudalismo ao capitalismo* (Publicações Dom Quixote), de difícil acesso na época, pouca coisa tínhamos quanto à questão da passagem do modo de produção feudal ao modo de produção capitalista. Os debates que foram desenvolvidos pelo pensamento marxista após a edição do insuperável livro de Maurice Dobb, *Studies in the development of capitalism*, publicado em 1946 e até hoje mais atual do que nunca (existe uma nova tradução pela Zahar Editores), ficavam fora de nosso alcance.

A coletânea teve (e tem) um duplo sentido: o de aprofundar o estudo da crise da sociedade feudal europeia e o surgimento da forma de produção capitalista; e o de fornecer elementos conceituais para uma teoria da transição no interior da problemática marxista. Já se encontrava aí explícita uma crítica aos cinco estágios únicos e universais da história da humanidade dogmatizados pelo stalinismo.

Os trabalhos dos autores que aqui reunimos tendem a complementar a polêmica surgida após o aparecimento da obra de M. Dobb (essa polêmica hoje já se encontra traduzida com o título *A transição do feudalismo ao capitalismo*, pela Paz e Terra). Os textos de Charles Parain e Pierre Vilar formam um conjunto que originariamente foram editados pelo Centre d'Études et de Recherches Marxistes (CERM), em 1971, em Paris. O trabalho do prof. Charles Parain foi ampliado e modificado especialmente para essa nossa publicação. A parte intitulada "Uma discussão histórica: do feudalismo ao capitalismo" (da qual retiramos o título dessa nova edição), que contém os estudos de Georges Lefebvre, Giuliano Procacci e Albert Soboul, surgiu inicialmente na revista *La Pensée* (órgão teórico ligado ao Partido Comunista Francês), em 1956. O texto fundamental de Eric Hobsbawm, "A crise geral da economia europeia no século XVII", foi editado na revista *Past and Present*, em 1954. Da mesma forma que o de H. R. Trevor-Roper, também na mesma revista em 1959.

Nos dias atuais a bibliografia sobre o tema estendeu-se, mais pela qualidade do que pela quantidade. Além da tradução de *A transição do feudalismo ao capitalismo* pela Paz e Terra, surgiram também pela mesma editora os imprescindíveis volumes *A era do capital* e *A era das revoluções*, de E. Hobsbawm, assim como *Ouro e moeda na história*, de Pierre Vilar. Fernando Novais publicou o seu *Portugal e o Brasil na crise do antigo sistema colonial* pela Hucitec e Francisco Falcón, *Política econômica e mercantilismo ilustrado, a época pombalina*, pela Ática. Recentemente a Brasiliense traduziu o importantíssimo livro de P. Anderson, *Linhagens do Estado absolutista*. Sobre o escravismo colonial, além dos textos pioneiros de Ciro Cardoso reunidos por nós na coletânea *América Colonial* (Ícone), Jacob Gorender publica sua magistral obra. Sobre a questão da manufatura como unidade de produção econômica típica da transição, ver nosso ensaio "A manufatura e o engenho de açúcar no Brasil colonial" incluído na obra coletiva organizada por J. R. do Amaral Lapa, *Modos de produção e realidade brasileira* (Vozes). Tentamos desenvolver algumas questões teóricas sobre as sociedades não capitalistas e a teoria da transição no artigo "As sociedades pré-capitalistas" na revista *Debate e Crítica* n° 5. Não podemos deixar de mencionar a coletânea organizada por Jaime Pinsky, *O modo de produção feudal*, editada pela Global.

Todos esses trabalhos têm em comum (apesar de algumas divergências secundárias), um único intuito: contribuir para o desenvolvimento da teoria marxista.

Para finalizar, gostaríamos de expressar nossa gratidão a Francisco Falcón. Sem a sua ajuda esta publicação sobre a passagem do feudalismo ao capitalismo não seria editada. Ao amigo Falcón, o obrigado de sempre. Agradecemos também a Carlos Guilherme Mota, "mestre e amigo", pelo estímulo a esta reedição.

Theo Santiago

INTRODUÇÃO

O intuito desta coletânea de trabalhos reunidos em função de um tema comum é o de proporcionar maiores subsídios para discussões posteriores mais aprofundadas. Sua finalidade é mais a de colocar questões para serem pensadas do que tentar, de imediato, fornecer certas respostas. Esta é a leitura que propomos que seja feita dos textos que aqui foram reunidos.

Num primeiro momento, o tema em si talvez não nos pareça desconhecido. Sua importância poderá encontrar uma explicação em duas razões: a) na sua relação com o "antigo sistema colonial", ou seja, com nossa história colonial, e b) no fato de tratar-se de uma forma particular de transição, que, quer em seus aspectos mais gerais (o do conceito de transição), ou no aspecto particular desta transição específica feudal-capitalista, é, até agora, a única forma de passagem estudada de uma maneira mais rigorosa.

Por outro lado, esta forma de passagem mais estudada tem sido colocada, na maioria das vezes, de uma forma bastante discutível. Se pensarmos que um objeto concreto só tem seu conhecimento assegurado pela teoria que o informa, vemo-nos obrigados a perguntar pela teoria científica da transição e de sua relação com a teoria geral da história, o que nos permitiria o conhecimento desta transição particular do feudalismo ao capitalismo. E então deparamo-nos com o estado atual dos estudos realizados: ou são determinados pelo empirismo, ou por um evolucionismo mecanicista que já nos assegura de antemão toda história passada, presente e futura. A transição (a questão da constituição e da articulação de um modo de produção determinado com outros) aparece então como um *vazio* no quadro dos conceitos fundamentais da ciência da história, vazio que é preenchido por postulações ideológicas: ou a transição não existe, porque a história é um "todo" que não permite desarticulações, ou este conceito não necessita ser construído porque a ordem de sucessão das estruturas já nos está assegurada.

Como já disse alguém, com relação às *sociedades de transição*, os escritos dos clássicos não constituem senão uma *introdução*, preciosa e necessária, mas insuficiente. É desta insuficiência que devemos dar conta.

A nossa leitura destes textos que falam das transformações econômicas ocorridas na Europa Ocidental, na chamada "Idade Moderna", ficará deste modo condicionada à elaboração desta teoria da transição, e da forma específica que toma quando da desestruturação do modo de produção feudal então dominante e da formação do modo de produção capitalista. Propomos que as colocações que aí são feitas sejam então tomadas enquanto definições provisórias (como "conceitos práticos", pertencentes a uma problemática que deve ser criticada), enquanto não as pensarmos utilizando os conceitos que, ao nível da teoria da história, hoje estão sendo construídos[1].

Segundo certos textos, a Europa Ocidental, já no século XVI, pode ser caracterizada como sendo dominada por uma economia capitalista. Esta afirmação encontra sua razão de ser em dois pontos básicos: 1) a definição de capitalismo a partir das relações de troca (do comércio); e/ou 2) uma má leitura de alguns escritos dos clássicos, principalmente a "Acumulação Primitiva" de Marx, os quais dizem respeito à formação dos *elementos* que constituirão a estrutura capitalista de produção e nos quais pensa-se poder encontrar o estudo das relações de produção *já* capitalistas, ou seja, a história do capitalismo. Confunde-se capital com capitalismo e comércio com comércio capitalista[2]. E a partir daí temos certas colocações, ainda hoje aceitas e "desenvolvidas", do tipo da que é formulada por Gunder Frank, que tenta caracterizar a expansão mercantil do século XVI como uma expansão da Europa capitalista.

Tendo presente a impossibilidade da conceituação das relações de produção (tanto urbanas como rurais) características deste período como capitalistas, encontramos o outro lado da moeda: sua redução à estrutura do modo de produção feudal. Ou seja, aceita-se que estejam ocorrendo transformações na estrutura econômica das diversas formações sociais, mas estas transformações operam-se ainda dentro do quadro do chamado feudalismo.

Coloca-se então a questão: podemos definir as relações de produção na *manufatura* como sendo relações servis de produção? Ou ainda (o que para nossa história tem uma importância fundamental), as novas formas de produção no campo (principalmente a renda fundiária) podem ser pensadas ainda sob o conceito de relações servis[3]?

A questão talvez possa ser considerada em outros termos. As formações sociais que constituem a Europa da transição para o capitalismo (período que abrange, em geral, do século XIV ao XVIII), como outras quaisquer, são antes de mais nada *estruturas complexas com dominância*. Com isto queremos dizer que existe uma distância entre a teoria abstrata de uma estrutura social, a teoria de um modo de produção determinado, e uma formação social onde este modo de produção é *dominante*. Uma formação social é definida precisamente por ser uma articulação complexa de vários modos de produção, onde um deles é dominante. Existe, como diz Charles Bettelheim, uma diferença "entre o modo de produção capitalista na realidade de seu conceito e o sistema econômico real do capitalismo inglês, por exemplo"[4].

A questão da transição seria então aquela de uma transformação nesta dominância. Propõe-se a partir daí que esta transformação, esta "passagem" de dominância (antes de mais nada possibilitada ao nível político), seja caracterizada por uma não correspondência, ao nível da estrutura de produção, entre a relação de apropriação real ("forças produtivas") e a relação de propriedade, com rompimento da limitação de uma pela outra.

Esta não correspondência pode ser percebida na manufatura: a relação de apropriação real continua sendo definida pela união do trabalhador direto com os instrumentos de trabalho (meios de produção em sentido estrito); enquanto que a relação de propriedade, estabelecida com o proprietário dos meios de produção, seria caracterizada como uma relação já não mais pertencente aos quadros do artesanato ou da corporação de ofício – é uma relação assalariada. O sobretrabalho não é mais extraído por um elemento extraeconômico, superestrutural, o que seria de se supor pela união do trabalhador com os instrumentos de trabalho. À primeira vista isto nos pareceria um paradoxo: o aluguel da força de trabalho quando ela ainda domina os instrumentos de produção. A articulação dessas duas relações – uma remetendo ao controle de determinados meios de produção, outra ao assalariamento –, nos permitiria compreender a transição sob a forma de uma não correspondência entre as duas relações.

Somente com a grande indústria teremos a subordinação total do trabalho ao capital. Aí então será alcançada a correspondência, que pela "(...) dupla determinação põe em evidência uma *homologia* sob a forma das duas relações que constituem a estrutura complexa do modo de produção; ambas podem ser caracterizadas como 'separação' do trabalhador e dos meios de produção"[5]. Com a grande indústria há a expropriação total do trabalhador direto (podendo então ser agora conceituado como *operário*). A reprodução desta forma de transição, que seria a reprodução desta contradição que pressupõe a transformação de uma relação por efeito da outra, vê-se transformada, permitindo outro processo de (re)produção diverso.

A contradição fundamental a todo modo de produção, aquela entre forças produtivas e relações de produção, permitiria então uma nova leitura, não mecanicista, da "lei da correspondência", que seria, nas palavras de E. Balibar, "lei da correspondência ou da não correspondência necessária entre as relações de produção e o caráter das forças produtivas".

Ainda dentro do problema da estrutura econômica, temos que nos referir à produção no campo. Maurice Dobb no seu livro *A Evolução do Capitalismo*[6], da mesma forma que Charles Parain no seu artigo aqui publicado mostra-nos como o sobretrabalho extraído no campo reveste-se de diferentes formas, no período que nos diz respeito.

A forma "típica" de extração do excedente no chamado modo de produção feudal era efetuada sobre o próprio tempo de trabalho do trabalhador direto (a corveia), por intermédio de mecanismos extraeconômicos (políticos e ideológicos); o que era possível pelo controle por parte do trabalhador do processo de trabalho, por ele ter a posse dos meios de produção. A partir daí, poderíamos ainda conceituar como sendo relações servis, as formas em que o trabalhador ainda controla os meios de produção, ainda controla o processo de apropriação real da natureza, mas onde já temos transformado o caráter de sua relação com o proprietário nos meios de produção? As formas de parceria e arrendamento (*métayage, fermage*) seriam formas de desestruturação das relações servis? Como caracterizar a renda fundiária? Segundo raciocínio de Pierre-Ph. Rey, a renda fundiária *não* seria uma relação capitalista, mas:

– "(...) uma relação de *produção* feudal (na medida em que une e opõe as duas classes do modo de produção feudal: camponeses trabalhadores e proprietários fundiários);

– uma *relação de distribuição* capitalista que é o efeito desta relação de produção feudal no seio do modo de produção capitalista (...)";

Donde a propriedade fundiária seria característica da transição feudal-capitalista.

"(...) se a renda fundiária não é uma relação de produção capitalista, a propriedade fundiária tampouco é uma relação jurídica do modo de produção capitalista. Em consequência, o papel da propriedade fundiária, quando da instauração da dominação capitalista nos países antes feudais, não é típico de toda transição para o capitalismo, mas somente é típico da transição do *feudalismo* ao *capitalismo*. Veremos que este papel é duplo: expulsão dos camponeses, que se tornam trabalhadores livres, para a indústria; extorsão de sobreproduto, sob a forma de renda, aos camponeses ainda não expulsos e aos pequenos fazendeiros (*fermiers*) capitalistas. Este sobreproduto servirá para aprovisionar de víveres as cidades e de matérias-primas a indústria. Se a transição para o capitalismo tem lugar a partir de um modo de produção que não seja o feudalismo, não há razão alguma para que a propriedade fundiária tenha um papel similar nesta transição: os capitalistas tiveram esta ilusão, mas todas as tentativas feitas neste sentido fracassaram completamente (...)"[7].

Ao *mesmo tempo*, torna-se necessário empreendermos um outro trabalho. Como caracterizar os elementos superestruturais (políticos e ideológicos) na transição ao capitalismo? Isto levanta dois problemas bastante importantes:

1) confundindo *autonomia relativa* com independência, corremos o risco (comumente efetuado) de realizar uma análise economicista da realidade, reduzindo às relações de produção, questões que devem ser colocadas ao nível político e ideológico.

2) Na estrutura social os elementos tanto econômicos quanto políticos ou ideológicos surgem em *tempos diferentes*. O modo de produção capitalista não "surge" pronto e acabado. Há uma descontinuidade na formação dos diversos elementos, não havendo nesta descontinuidade qualquer lei mecânica que estabeleça uma ordem obrigatória e necessária de sucessão. (Pensamos não ser necessário colocar mais uma vez o caráter da *determinação em última instância* do econômico. Nessa época, por exemplo, temos toda a "legislação sanguinária" da Inglaterra isabelina sobredeterminando as transformações econômicas). A estrutura social, o conceito de modo de produção, deve ser pensado a partir da lei do desenvolvimento desigual e combinado.

Nas fases de transição, os elementos da superestrutura não se encontram, como antes, articulados nos limites próprios da estrutura de produção, como diz Balibar: "(...) o modo de intervenção da prática política, em lugar de conservar os limites e produzir seus efeitos sobre sua determinação, os desloca e os transforma (...)"[8]. Daí perguntarmos se a possibilidade (ou não) da complementação da transição (da resolução da contradição fundamental de não correspondência) não está assegurada pelos elementos da superestrutura. Em outras palavras, a resolução da não correspondência é assegurada unicamente pelo efeito das relações de produção sobre as forças produtivas e vice-versa? Segundo Bettelheim: "(...) Quando existe tal situação de inadequação entre as novas relações sociais e as forças produtivas, a dominância das novas relações sociais não pode ser assegurada senão por *mediações* (...)"[9].

O que realmente significa a Revolução Burguesa? Apenas a cristalização de um processo já desencadeado ao nível econômico, ou também a possibilidade de "acontecerem" as transformações nas relações de produção? Lembremo-nos de que até hoje discute-se o caráter de classe da Revolução de Cromwell na Inglaterra. Qual o papel que desempenha o Estado Absolutista na transformação da produção (tanto urbana como rural) e na articulação do comércio (em expansão) com estas transformações? Qual o caráter de classe do Estado Absolutista?

Para terminar estas questões (bastante gerais), resta lembrar uma questão de extrema importância: "(...) a teoria dos desajustes (na estrutura econômica e entre as instâncias) e das formas de não correspondência não é possível sem *uma dupla referência* à estrutura de dois modos de produção (...). No caso da manufatura, por exemplo, a definição da não correspondência depende das definições das formas de individualidade que estão determinadas no artesanato, por uma parte, e por outra na propriedade capitalista dos meios de produção"[10].

Até agora, a única forma de produção estudada de uma maneira mais rigorosa é a capitalista, pois os clássicos nos legaram os conceitos que permitiram o desenvolvimento de determinadas questões. No entanto, se estes mesmos clássicos construíram a teoria do modo de produção capitalista na sua diferenciação com os demais modos de produção, não nos legaram desta feita a teoria destes outros modos de produção "pré-capitalistas". Poderíamos aqui repetir o que já dissemos com relação à transição: seus escritos não constituem senão uma *introdução*, preciosa e necessária, mas insuficiente. Aqui, mais uma vez, somos obrigados a trabalhar com conceitos pertencentes a diversas problemáticas, e às vezes tomamos estes conceitos como já elaborados e produzidos no campo da ciência da história.

Portanto, seria necessário ao estudo da transição do feudalismo ao capitalismo a teoria do modo de produção feudal e a teoria do modo de produção capitalista. Daí sermos obrigados a definir o conceito de modo de produção feudal, o que nos levaria a uma crítica das noções que aí são empregadas (para a definição de feudalismo, o elemento fundamental, ainda hoje em dia, não são as relações jurídicas?).

Ora, o elemento que permite definir, apontando as diferenças, os diversos modos de produção, é a sua estrutura econômica, que determina, em última instância, a articulação particular dos diversos elementos desta totalidade (que determina qual das estruturas regionais – o político, o ideológico ou o próprio econômico – será dominante e permitirá a reprodução *desta* estrutura). Comumente definimos feudalismo como um modo de produção distinto, de uma forma bastante empirista; enumeramos as características dominantes das formações sociais da Europa ocidental num determinado espaço de tempo, em geral do século IX ao XIII, e generalizamos estas características sob a denominação de "modo de produção feudal". As demais formações sociais que não se "encaixarem" nesta noção tornam-se um problema ao qual a teoria não tem acesso (não é necessário que façamos uma estatística dos inúmeros "semifeudais" que temos por aí).

Na sua polêmica com P. Sweezy, Dobb nos fornece algumas indicações quanto a este problema. Estas indicações pressupõem a definição de feudalismo. Dobb diz o seguinte:

"(...) não estou absolutamente certo de que Sweezy rejeita a minha definição de feudalismo ou meramente a considera incompleta. Esta definição (...) se assenta numa identificação virtual do feudalismo com a servidão – se pela última entendermos não meramente o cumprimento de serviços obrigatórios, mas a exploração do produtor através de uma compulsão político-legal direta (...) Entende-se que o feudalismo, desta maneira definido, cubra algo mais do que a forma medieval de economia europeia e abarque uma variedade de tipos maior que em qualquer estudo mais completo sobre o feudalismo, e que mereceria cuidadosa análise (...)".

E ainda: "(...) Se houve diferenças importantes, indubitavelmente, entre as condições na Europa ocidental e a oriental, houve também surpreendentes semelhanças quanto à 'forma pela qual o trabalho excedente não pago foi extorquido aos produtores diretos' (...); e é crença minha que o desejo de apresentar o 'feudalismo europeu ocidental' como um *genus* distinto e só a ele brindar com o título de 'feudal', trata-se de um produto dos historiadores burgueses e de sua tendência para se concentrarem apenas em *differentia* e características jurídicas"[11].

O que se postula é a necessidade de conceituarmos de uma forma mais rigorosa as relações de produção feudais, como sendo relações *servis* de produção: o trabalhador direto tem a posse dos meios de produção, mas não a sua propriedade. Existe uma *não homologia* entre a relação de apropriação real e a relação de propriedade, daí a reprodução desta estrutura estar assegurada pelos efeitos dos elementos superestruturais (o *dominante* neste modo de produção será o político ou o ideológico)[12]. A extração do sobretrabalho será realizada por intermédio de uma coação extraeconômica.

A partir daí indagamos, por exemplo, qual a diferença entre "servidão europeia" e as "formas asiáticas da servidão tributária", como diz Dobb. Qual a diferença entre os chamados modo de produção feudal e modo de produção asiático? Em outras palavras, pensamos que seria mais rigoroso abrirmos a discussão sobre a construção do conceito de modo de produção *servil*, considerando então como *variantes concretas* desta estrutura as formas servis historicamente determinadas, europeias, asiáticas ou outras quaisquer[13].

Poderíamos então pensar na teoria particular da transição de uma estrutural servil a uma outra capitalista, e a forma determinada que toma quando da desarticulação do feudalismo e a formação do capitalismo na Europa ocidental.

Algumas de nossas indagações talvez sejam respondidas nos textos que aqui reunimos, especialmente a questão do que representa a "crise" da economia europeia no século XVII, sua relação com o sistema colonial e as transformações na produção.

Estes trabalhos são análises principalmente econômicas e está claro que aqui não encontraremos elementos para um estudo completo das transformações ocorridas nas sociedades europeias em sua totalidade. Esperamos com a publicação de outros livros deste tipo poder discutir outros temas que aqui nos interessam[14].

Toda introdução a antologias como esta tem como praxe uma apresentação dos autores nela reunidos. No nosso caso, pensamos poder dispensar esta apresentação. Talvez mesmo os próprios textos aqui publicados já sejam conhecidos de uma grande parte dos leitores. É lógico, como dissemos no início, que estes textos têm falhas e comportam críticas, mas estas críticas deverão sempre levar em conta a inexistência de uma teoria da articulação do modo de produção capitalista com as diversas formas de produção que o antecederam historicamente. E nesta situação particular, e dentro destas limitações, os autores que aqui reunimos são alguns (talvez os melhores) dos poucos que pensaram o problema de uma maneira rigorosa e com contribuições originais. Se quisermos elaborar um estudo aprofundado das relações de produção "pré-capitalistas", esse estudo somente poderá ser efetuado com estes autores e não apesar deles. A riqueza de suas contribuições é sem dúvida alguma enorme, e qualquer pessoa que encare este estudo com um mínimo de seriedade e responsabilidade reconhecerá o seu valor.

Para terminar, apresentamos nossos agradecimentos ao professor Charles Parain, que amavelmente introduziu certas modificações visando um aprimoramento de seu texto para a nossa edição; e também às Éditions Sociales, que nos cederam o texto de *La Pensée* aqui reproduzido.

NOTAS

1. Principalmente nas obras de L. Althusser e E. Balibar, *Lire le Capital*, Maspero, Paris, 1968 (citaremos adiante a tradução espanhola por Siglo XXI, México, 1970); Ch. Bettelheim, *La Transition vers l'économie socialiste* (em particular o primeiro texto: "Problématique de l'économie

de transition"), Maspero, Paris, 1971 (existe tradução em português, por Zahar Editores, Rio de Janeiro); e Pierre-Ph. Rey, *Les alliances de classes*, Maspero, Paris, 1973.

2. Ver os trabalhos de E. Laclau, "Feudalismo y capitalismo en América Latina" e H. Ciafardini, "Capital, comercio y capitalismo: a proposito del llamado 'capitalismo comercial'", *in Cuadernos de Pasado y Presente*, n° 40, Córdoba, 1973. Estes trabalhos estão publicados numa coletânea que organizamos sobre a América Colonial.

3. Ver Pierre-Ph, Rey, *op. cit.*

4. Ch. Bettelheim, *op. cit.*, pág. 12.

5. L. Althusser, E. Balibar, *Para Leer el Capital*, Siglo XXI, México, 1970 (4ª ed.), pág. 329.

6. M. Dobb, *A Evolução do Capitalismo*, Zahar Editores, Rio de Janeiro, 1971 (2ª ed.).

7. Pierre-Ph. Rey, *idem*, pág. 20. Foi pensando nestas dificuldades que solicitamos ao professor Charles Parain novas contribuições ao seu texto. (parte 4: "A desagregação do regime feudal no campo").

8. E. Balibar, *idem*, pág. 333.

9. Ch. Bettelheim, *idem*, págs. 20-21.

10. E. Balibar, *idem*, pág. 334.

11. P. Sweezy, M. Dobb e outros, *Do feudalismo ao capitalismo*, Publicações D. Quixote, Lisboa, págs. 62-63.

12. Ver N. Poulantzas, *Pouvoir politique et classes sociales de l'État capitaliste*, Maspero, Paris, 1968.

13. Pretendemos voltar a este ponto num próximo volume sobre as formas de produção "pré-capitalistas", onde poderemos então discutir, além do modo de produção feudal, os chamados modos de produção asiático, africano, para-asiático, etc.

14. Tais como o caráter do Estado Absolutista, a estrutura de classes da "sociedade do Antigo Regime", a expansão comercial e o "antigo sistema colonial", o mercantilismo, etc.

A EVOLUÇÃO
DO SISTEMA FEUDAL EUROPEU*

CHARLES PARAIN

O *sistema* econômico que podemos denominar "feudal" tem suas leis históricas de desenvolvimento, embora as condições naturais e as circunstâncias históricas no seio das quais evoluíram os diferentes povos conduzam a multiplicar e diversificar as formações sociais. Para chegarmos a uma compreensão em profundidade deste sistema econômico, faz-se necessário isolar as linhas de força da evolução do feudalismo ou, mais exatamente, as etapas de seu desenvolvimento, referindo-nos aqui ao exemplo europeu, que mais se aproxima de um desenvolvimento típico[1].

A FORMAÇÃO DO REGIME FEUDAL: A SERVIDÃO E O LUGAR QUE OCUPAM AS COMUNIDADES ALDEÃS

A destruição do Estado escravista (na Europa ocidental, o Império Romano) suprime um obstáculo decisivo para a formação de novas relações de produção, mas não supõe seu desenvolvimento rápido e automático. Na ausência de uma classe verdadeiramente revolucionária, portadora de ideias revolucionárias, a passagem de um regime social a outro somente pode realizar-se com uma extrema lentidão, através de longas e dolorosas tentativas. Assim sucede com o regime feudal, na medida em que sua formação é o resultado de adaptações espontâneas, inconscientes, diante das novas necessidades, todas elas da mesma natureza e com um fim semelhante, mas que se mostram sob ritmos e formas bastante distintas de acordo com as condições locais.

No que se refere ao conjunto do ocidente europeu, as linhas de força não começam a ser esboçadas até o século IX: o intervalo de mais de quatro séculos, que se estende entre o ano 400 e os pri-

---

* Parain, Ch. "Évolution du système féodal européen, *in:*
Sur le féodalisme, CERM/Éditions Sociales, Paris, 1971, pp. 18-35. Este texto, apresenta modificações e acréscimos feito pelo autor especialmente para esta edição. Reprodução autorizada por Éditions Sociales.

mórdios de 850, constitui um período cheio de confusão, autêntica "Alta Idade Média", período no qual, apesar de tudo, é claramente perceptível o movimento histórico que caminha em direção à forma desenvolvida do feudalismo.

O esquema que Engels construiu com a documentação acessível à sua época, desenvolvendo e precisando as indicações formuladas na *Ideologia Alemã*[2], era de tal penetração que ainda hoje conserva em grande parte seu valor, e em muitos casos encontra-se confirmado pelas investigações mais profundas e recentes.

1°) Durante o Baixo Império, os "colonos" (escravos ou libertos, dotados de uma porção de terra, e a ela vinculados pessoalmente) haviam sido os precursores, *mas somente precursores*, dos servos da Idade Média (nem todos os servos descendiam dos colonos).

2°) Os "bárbaros" germanos, que aos poucos iam ocupando o Império Romano, aí se instalam, ou melhor, aí *restabeleceram* um campesinato livre, organizado em comunidades aldeãs. Podemos perceber hoje em dia que a superestrutura colonial romana, através da documentação que nos legou, iludiu os historiadores: as realidades aldeãs e tribais subjacentes continuavam bastante vivas. O desaparecimento dos quadros romanos e as invasões deram uma nova vida a essas antigas estruturas camponesas, as quais seriam reenquadradas lentamente por um novo sistema de relações jurídico-políticas. Esta substituição ocupa o período compreendido entre os séculos V e IX.

3°) Ao mesmo tempo, constituía-se o esboço de uma nova nobreza: membros de séquitos armados que se agrupavam em torno dos chefes germânicos, nativos romanizados que haviam fornecido os quadros da administração, favoritos dos reis bárbaros que recebiam deles domínios retirados das terras do Estado. Podemos adivinhar quantas diferentes combinações tiveram lugar entre os vínculos pessoais (de tipo doméstico, militar ou religioso) e a propriedade agrária (concedida pelo protetor a título de "benefício" ou oferecida pelo protegido a título de "bem precário"). Mas todas essas combinações convergiam para uma mesma estrutura final da propriedade: propriedade honorífica, mas não efetiva, dos personagens mais poderosos sobre imensos domínios, e propriedade mais direta – mas não absoluta, porque estava condicionada a serviços e juramentos – entre as mãos de pequenos e médios senhores. Esta hierarquia de direitos sobre a terra ia aos poucos se impondo até a base, ou seja, até o nível dos camponeses cultivadores que, por sua vez, não gozavam senão de uma posse mais ou menos precária do solo.

4°) Em efeito, as incessantes guerras – guerras internas, guerras de conquistas – arruinaram com bastante rapidez o novo campesinato livre, seja porque seus bens foram confiscados ou foram periodicamente devastados e assolados, seja porque o serviço militar exigido aos homens livres era excessivamente pesado para lhes permitir conciliá-lo com a exploração de seus campos. Como o poder era demasiado débil para protegê-los, os camponeses arruinados viram-se obrigados a colocarem-se sob a proteção da nova nobreza ou da Igreja, transferindo (como já haviam começado a fazer os camponeses do Baixo Império) a propriedade de suas terras a seus protetores. O estatuto do camponês livre, inclusive quando ainda se continuava diferenciando o direito dos homens de origem livre do direito dos homens de origem escrava, tendeu desta forma para um estatuto de *"servidão"*, no qual todo camponês (ainda que dispondo de instrumentos de trabalho e do usufruto de uma exploração) achava-se vinculado a um proprietário eminente – o "senhor" – por compromissos pessoais e tributos.

O desenvolvimento da servidão, seja pela substituição da escravidão, ou pela generalização da subordinação camponesa a alguns chefes, defensores ou conquistadores, aparece como um elemento constitutivo do regime feudal, embora a servidão não tenha sempre a mesma natureza em todos os lugares, podendo sua função no conjunto feudal ser bastante diferente, chegando, inclusive, a desaparecer ou a constituir-se sob novas modalidades. A dependência camponesa, por outra parte, está em geral temperada pela manutenção dos direitos da comunidade rural. Coloca-se a partir daí um duplo problema: o do destino particular da servidão e o do lugar que ocupa a comunidade aldeã no sistema feudal.

O PROBLEMA DA SERVIDÃO

Seria insuficiente e perigoso caracterizar essencialmente o modo de produção feudal pela "servidão", sem precisar de que tipo e de que nível de servidão se trata. Engels o diz expressamente em várias cartas a Marx, em dezembro de 1822:

"É indubitável que a servidão e a submissão à prestação pessoal não são uma forma especificamente medieval ou feudal. Encontramo-la em toda parte sempre que o conquistador, para seu proveito, faz cultivar a terra pelos antigos habitantes. Desde cedo isto ocorre, por exemplo, na Tessália. Este fato chegou inclusive a conturbar minha visão e a de muitos outros, no que concerne à servidão na Idade Média. Estávamos inclinados a baseá-la somente na conquista. Isto fazia a coisa tão fácil, tão coerente..."[3].

Toda a investigação histórica mais recente justifica esta advertência. A servidão medieval, na sua fase clássica, não provém exclusivamente de uma imposição súbita pela conquista, nem de uma evolução unilateral a partir de um estatuto servil antigo (colonato ou escravidão antiga). A servidão ou vassalagem resulta da convergência espontânea, sob a pressão conjugada dos fatos e da ação – paciente ou brutal – das classes dominantes, de estatutos pessoais bastante variados, que tendiam a uma *situação de fato* cada vez mais uniforme. O direito segue o fato. Cristaliza-o, não o cria.

Da mesma forma, no curso do período declinante da sociedade feudal, as condições econômicas (em graus diversos segundo as regiões) podem favorecer uma evolução que conduz da servidão à liberdade. Mas esse fenômeno não se produz em todos os lugares, ou pelo menos não se produz no mesmo ritmo. Não há, portanto, um "quadro" social possível, esquemático e que seja válido para toda parte. Existem lugares onde o servo podia, no século X, abandonar sua exploração, sendo sempre o "homem em propriedade" de seu amo. Mas, em outros, no século XVI, o antigo homem livre, que não tinha vínculo pessoal com nenhum senhor, ficava em contrapartida vinculado a sua exploração agrícola e já não a podia abandonar livremente. Isto é o que Engels chama "os inumeráveis graus de submissão à prestação pessoal e à vassalagem", numa carta[4] na qual distingue, referindo-se à Alemanha, a servidão marcada dos séculos IX e X, a servidão atenuada dos séculos XIII e XIV e a servidão regenerada do século XVI.

Por isso, da mesma forma que a escravidão não apresentou sempre e em toda parte um caráter de coação e desumanidade tão acentuados como na época de seu maior desenvolvimento, sem que por isso deixemos de falar em escravismo, da mesma forma seria abusivo considerar que o desaparecimento da forma clássica, típica da servidão, significa uma transformação fundamental do modo de produção feudal. Ainda que algumas guerras camponesas consigam suprimir a servidão feudal, nem por isso terminam com os direitos feudais (Catalunha, século XV). Se os camponeses perdem a guerra (Alemanha, século XVI) a servidão, em vias de ser atenuada, é restabelecida. Não esqueçamos que na Europa oriental esta não desaparecerá senão depois de 1860.

Tampouco devemos esquecer que a colonização espanhola na América instala mediante o sistema das *encomiendas*, uma variante da servidão. Grupos de índios eram confinados (*encomendados*) a um colono. Este devia "proteger" e catequizar os índios que trabalhavam para ele, assegurando sua própria subsistência. Esta submissão dos que trabalham aos que têm armas revela que o sistema está diretamente inspirado na Europa feudal. Por outro lado, como os *encomenderos* eram designados pela poderosa monarquia espanhola, ou por seus agentes, a superestrutura neste caso era muito diferente daquela da Idade Média. Por outra parte, nas plantações tropicais (açúcar em Cuba) se impôs em seguida uma volta à grande propriedade cultivada por escravos em lugar da *encomienda* de espírito feudal.

Portanto, não devemos crer que se produz uma evolução contínua e unilateral do escravismo antigo à servidão, e da servidão à liberdade. A servidão nasce ou renasce da escravidão progressiva do camponês livre, mais do que de uma atenuação da condição de escravo. Sua própria atenuação, seu próprio desaparecimento, depende por sua vez de condições objetivas em cada região, e do vigor e alcance da luta de classes. O desaparecimento da servidão no plano jurídico permitiu que subsistissem numerosas cargas e vínculos nascidos do modo de produção feudal.

O PROBLEMA DA COMUNIDADE ALDEÃ FACE À AUTORIDADE SENHORIAL

De fato, há um elemento que não deve ser esquecido quando se quer captar os meios de ação do camponês face a seu senhor: a existência da comunidade aldeã, que aparece tardiamente nos textos e no direito, mas cuja origem, bastante antiga, é indiscutível. As pequenas explorações camponesas não teriam uma base sólida sem o complemento indispensável dos direitos comuns sobre os bosques, campos de pastagem, charnecas não arroteadas (ou arroteadas segundo a ocasião). As mesmas exigências coletivas que supunham no seio da aldeia a prática de afolhamentos regulares e a utilização comum dos campos de pastagem uniam os camponeses em torno de uma prática de grupo que lhes dava uma força que superava amplamente as possibilidades do indivíduo. A existência destas comunidades formava parte integrante do modo e das relações de produção feudais[5]. Foi ela que permitiu uma relativa emancipação dos servos como classe, enquanto o sistema da escravidão tornava possível a alforria somente em escala individual.

Nos momentos mais favoráveis, os camponeses puderam, desta forma, estabelecer entre eles e os senhores um equilíbrio relativo, limitando deste modo a exploração a que se achavam submetidos e conservando recursos suficientes para ampliar sua produção não somente pare seu próprio benefício individual, como também em escala social.

Contudo, não havia nada mais instável que este equilíbrio. Por uma parte, seus elementos transformavam-se com o desenvolvimento das forças produtivas (arroteamentos, técnicas agrárias, modos de criação de gado). Por outro lado, a relação de forças em modificada constantemente pela determinação mais ou menos significativa das comunidades aldeãs ou pelo funcionamento mais ou menos vigoroso da organização política feudal.

Tomemos dois exemplos opostos:

– em países incompleta ou tardiamente feudalizados, como por exemplo a Dinamarca, as comunidades aldeãs puderam dar provas de sua capacidade criadora e organizaram por si mesmas, com maior ou menor amplitude, a cooperação, com uma manutenção relativa de sua autonomia;

– pelo contrário, pôde também ocorrer que os senhores exercessem e mantivessem sobre os camponeses que dependiam deles uma pressão que tornava esta dependência total, e isto em detrimento da produção. Todavia, recentemente, a exploração dos grandes domínios agrários na Sicília correspondia às mais desastrosas condições feudais: para conservar seus direitos sobre a terra, o grande proprietário obrigava seus colonos – o equivalente aos rendeiros (*tenanciers*)* da Idade Média – a cultivar parcelas que podiam ser trocadas continuamente e a habitar em um burgo que em muitos casos se achava bastante afastado dos campos cultivados; desta forma, encerrava-os ao mesmo tempo numa extrema pobreza e nas redes de uma semidependência pessoal. O colono, é certo, trabalhava com instrumentos de produção que eram de sua inteira propriedade; mas esses instrumentos continuavam sendo extremamente rudimentares, e ele não tinha nem o gosto nem a possibilidade de introduzir melhoramentos nas terras que cultivava (plantações de azeitonas ou vinhedos) que possibilitariam um aumento na produtividade.

O exame dos graus de servidão e as variações na função desempenhada pela comunidade rural nos conduzem até o término da evolução das sociedades feudais. Os casos evocados são extremos; convém voltar às etapas intermediárias do desenvolvimento.

O FLORESCIMENTO DO REGIME FEUDAL

A lenta gênese do regime feudal tem, naturalmente, sua "periodização". Entre as forças materiais em vias de desenvolvimento (demografia, técnicas agrícolas) por um lado, e por outro as superestruturas jurídicas, políticas e morais que se dissolvem (o poder dos imperadores e reis) ou que se constituem (os vínculos feudais) existe, de fato, uma interação dialética contínua que desemboca, segundo as datas nas quais são levadas a cabo, em determinadas combinações características.

---

* Determinadas palavras francesas, de uso bastante difundido, foram mantidas entre parênteses, após a tradução em português. (N. do T.)

Entre o século IX, depois do fracasso da renovação imperial carolíngea, e o século XIII, no qual o ocidente europeu feudal alcança seu apogeu, podemos assinalar entretanto duas fases distintas. As que vamos indicar servem sobretudo para a região da Borgonha, uma das que foi melhor observada. Indubitavelmente, podem ser utilizadas para uma visão geral, ainda que sempre com as necessárias reservas.

a) *No século X o feudalismo acha-se ainda em formação.* Os vínculos feudais forjam-se entre os grandes proprietários agrários e antigos altos funcionários carolíngeos ("duques", "condes") que conservam os vestígios de uma autoridade de Estado. Ao nível dos camponeses, continua havendo uma distinção clara entre livres e não livres. Os livres, bastante numerosos, dispõem de "alódios", ou seja, propriedades completamente independentes. Participam da justiça. Se têm um "senhor", podem trocá-lo quando o desejarem. O mesmo sucede com os vassalos. Numa palavra, os vínculos feudais são fracos. As solidariedades familiares ou morais também o são. A vida social segue marcada de individualismo. Os traços do feudalismo estão apenas esboçados.

b) *A partir do ano 1000 até 1150* podemos falar de *feudalismo em ascensão*. O sistema começa a se caracterizar. A dissociação, que já havia chegado ao poder real, alcança agora o poder dos duques e dos condes. No alto há risco de anarquia, mas na base, a vitalidade da exploração camponesa livre trouxe consigo uma renovação demográfica – há muitos espaços vazios, mas as terras facilmente cultiváveis estão superpovoadas – e uma renovação técnica; adota-se cada vez mais a brida rígida para o cavalo, o arado com rodas, a debulhação; cultiva-se mais a cevada e a aveia, cereais de introdução relativamente recente.

Para quem são dirigidas as vantagens desta primeira renovação? Para aqueles que em meio à crescente desordem querem impor sua proteção militar. Ou seja, os "castelões" independentes, aos quais terão de "encomendar-se" os camponeses de qualquer origem, livres ou não livres, que não escolheram (ou não puderam escolher) a vida de soldados. Estes "castelões" proclamam-se investidos do *ban*, quer dizer, do mando local, do poder até o nível mais baixo. E isto lhes permite organizar toda a vida econômica do lugar em seu próprio proveito. Sua "proteção" tem como contrapartida obrigações pessoais e tributos econômicos, controle sobre os indivíduos e as coletividades. O "senhorio" assenta-se deste modo definitivamente sobre a exploração rural e a comunidade aldeã.

Além do que, por sua parte, para proteger e expandir suas dependências, o senhor se faz "homem" de um senhor mais poderoso, onde a força, desta vez, não reside mais nos vestígios de uma função pública, mas somente na extensão das terras e no número de vassalos que o reconhecem como suserano. Sistema sem "Estado", nascido de uma certa anarquia, mas que limita esta anarquia e finalmente a organiza.

Mas essa organização exige, mais que na fase precedente, uma armadura de solidariedades, compromissos e crenças. As solidariedades de família – as "linhagens" – fazem-se mais estreitas. As solidariedades de classe reforçam-se mediante os rituais, os costumes, os juramentos, todo o aparato material e moral da "cavalaria". Por último, intervém também a sanção religiosa: a Igreja, cujos altos cargos recrutam-se entre os poderosos, e os demais entre a massa camponesa livre, insere-se com firmeza no sistema feudal; agrupa imensos senhorios, graças às doações (de forma feudal) que lhe fazem camponeses e grandes senhores. Limita as violências – sobretudo aquelas que, sendo entre senhores, quebrariam a requerida solidariedade –, mas assegura a subordinação moral das classes trabalhadoras, restritas no cotidiano a manter, mediante seu trabalho e seu produto, a classe "que combate" e a classe "que reza". A superestrutura institucional e espiritual está perfeitamente montada.

Esta estruturação correspondeu a uma *ampliação contínua da base econômica do sistema*, dada à generalização das inovações técnicas e ao êxito dos *arroteamentos*. Neste sentido, o século IX – século da arte românica, século das canções de gesta – merece ser considerado como a *fase ascendente* da sociedade feudal no Ocidente europeu.

Do século XI data também um certo renascimento do comércio e da grande circulação monetária, e o novo papel desempenhado pelas cidades com as primeiras revoluções comunais, assim como a tendência à expansão exterior com as Cruzadas. Todas essas transformações levam o germe da destruição da sociedade feudal em suas formas originais. Mas este processo é ainda lento. Até 1100, e às vezes inclusive até 1150, a fase ascendente ainda permanece.

c) *De meados do século XII ao fim do século XIII*, o regime feudal europeu conhece seu *florescimento* e seu *apogeu;* não obstante, o aumento das forças produtivas, sob os aspectos nos quais a sociedade feudal as havia captado, alcança então seus limites; as contradições internas do sistema fazem-se sentir e isto obriga as instituições e o direito a *cristalizarem-se, fixarem-se*. A evolução em profundidade ataca a lógica do mecanismo.

Em primeiro lugar, em muitas localidades, a partir de meados do século XIII, as possibilidades de arrotear novas terras alcança o seu limite. O aumento demográfico conduz a uma divisão extrema das explorações camponesas em terrenos cada vez piores e com as exigências senhoriais aumentando: os riscos de catástrofe, depois de cada má colheita, multiplicam-se.

O comércio, a vida urbana progridem; os preços sobem; constituem-se fortunas mobiliárias paralelamente às fortunas agrárias. Isto desencadeia vários movimentos contraditórios. A massa camponesa, mais numerosa, esgotada pelos encargos, empobrece. Mas o senhor, tendo necessidade de dinheiro, transforma em pagamentos monetários as prestações pessoais, os impostos em espécie, as franquias; a servidão *pessoal* retrocede. Em contrapartida, como o trabalhador pobre se vê atraído pela cidade ou pela emigração, o senhor faz valer todos os seus direitos para retê-lo; fala-se então de "servo da gleba". A propriedade livre ("alódio") desaparece. O direito afirma: "nenhuma terra sem senhor". Desse modo, quando os fatos tendem a dissolver o sistema feudal, já envelhecido, ele mesmo tende a se cristalizar juridicamente.

Na ordem política ocorre o mesmo. O risco de mudanças nas fortunas excita o espírito de casta: a "nobreza" fecha-se cada vez mais. Mas uma autoridade política superior se estabelece por cima desta mesma nobreza. É o momento das "monarquias feudais". Não destroem o velho sistema, utilizam-no. O rei domina a hierarquia dos "vassalos" enquanto "soberano". A pirâmide torna-se, aparentemente, mais completa e perfeita que no século XI, porque o poder real, unindo-se às novas forças (cidades), ameaça o livre jogo dos vínculos pessoais, confisca a justiça e reconstrói o Estado. O feudalismo dos anos 1250-1350 está juridicamente melhor definido e é psicologicamente mais consciente que nos tempos de sua formação, mas ao mesmo tempo é menos livre, menos criador e está mais ameaçado.

A evolução, da maneira como foi descrita, serve sobretudo para a França do Leste e do Norte. A França do *Midi*, a Espanha da Reconquista, Inglaterra (primeiro mais atrasada, depois melhor organizada pela conquista normanda) e Alemanha, onde o poder central não se constituirá com força outra vez, apresentam particularidades sensíveis e uma cronologia do feudalismo bastante distinta. A natureza dos fatos não é por isso menos semelhante em todos os lugares. No Oriente, na Ásia, nos países árabes, os séculos que deveriam ser evocados não são evidentemente os mesmos, e os processos de feudalização se combinarão com estruturas de base bastante diferentes (manutenção da escravidão, nomadismo, cultivo por irrigação, etc.). Mas alguns paralelismos surpreendentes, como o caso do Japão, provam, contudo, que num determinado estado de desenvolvimento das forças produtivas, os modos de produção tendem a se organizar em estruturas sociais e finalmente políticas nas quais o sistema de serviços e censos – que pesam sobre a população camponesa – acha-se controlado por uma hierarquia de senhores cujos vínculos, compromissos e crenças aparentam-se com diversos matizes aos de nossas sociedades feudais.

A EVOLUÇÃO DAS RELAÇÕES DE PRODUÇÃO NA SOCIEDADE FEUDAL

O caráter fundamental dessas sociedades reside nas *relações de produção* que se acham em sua base; propriedade do senhor sobre a terra e propriedade *limitada* do senhor sobre o camponês. Essa propriedade da pessoa é muito importante; sem ela, o senhor não poderia exigir os tributos e as prestações pessoais (Marx e Lênin insistiram neste ponto). Mas o fato de que esta propriedade seja *limitada* implica um modo de produção bastante distinto do escravismo.

Originalmente, o grande proprietário divide suas terras em duas partes. A primeira, de ampla extensão, é explorada por ele mesmo ou por seus agentes diretos e abriga, em seu centro, as habitações do dono, umas construções que servem para a exploração agrícola e diversas oficinas: é o "domínio". A segunda acha-se fracionada em pequenas parcelas (*tenures*) concedidas a camponeses de condição mais ou menos livre. Esses camponeses localizados em parcelas não somente estão obrigados a entregar tributos exigidos sobre o produto de sua parcela, como também devem prestar corveias (*corvées*) – trabalho pessoal – para a exploração do domínio direto do senhor. Essas prestações de trabalho pessoal realizavam-se em muitos casos por três dias por semana, e se a ela somamos os tributos avaliados em jornadas de trabalho, temos que o tempo que deviam dedicar ao senhor elevava-se a dois terços do tempo de trabalho em um ano. Dois dias para o senhor, um para ele; assim trabalhava o servo. Essa *renda em trabalho* recebida pelo senhor é a forma primitiva da mais-valia e coincide exatamente com ela, diz Marx[6].

Entretanto, o cultivo do domínio senhorial mediante esse sistema de corveias, somente na aparência era semelhante ao sistema de cultivo dos *latifundia* romanos levado a cabo pelos escravos. Marx observa que é o volume *relativo* do excedente de trabalho exigido ao servo o que decide as possibilidades de melhoria da *tenure*:

"A produção dos restantes dias de que dispõe o produtor direto para si mesmo é um dado variável que se desenvolverá necessariamente com a experiência progressiva do produtor. Ao mesmo tempo, as novas necessidades, assim como a extensão do mercado para seus novos produtos e a garantia cada vez maior de dispor desta parte de sua força de trabalho, tudo isso lhe incitará uma tensão maior da mesma força (...), portanto, dá-se nesse caso a possibilidade de um certo desenvolvimento econômico (...)"

Engels acrescenta que essa mudança fecunda do modo de produção corresponde a uma mudança paralela da natureza das classes exploradoras. O grande proprietário do Baixo Império, absenteísta, ambicioso de luxos, que despreza o trabalho manual, cede lugar a senhores mais rudes, mais viris, que vivem permanentemente entre os seus *tenanciers:*

"As classes sociais do século IX haviam-se constituído não no atoleiro de uma civilização declinante, mas nas dores do parto de uma nova civilização. As relações entre poderosos proprietários agrários e camponeses escravizados, que haviam sido para os romanos a forma de desagregação sem esperança do mundo antigo, eram agora, para a nova geração, o ponto de partida de um novo desenvolvimento".

O senhor à frente de seu domínio e dos instrumentos coletivos do *ban* (moinho, forno, etc.), pôde aparecer como organizador e dono do processo de produção, ao mesmo tempo que como chefe do grupo. Este é o ponto de partida.

Mas se nos situarmos no século XII e não no X, temos que as corveias – o trabalho de prestação pessoal no domínio do senhor –, deixaram de desempenhar o papel essencial do modo de produção feudal, somente realizadas alguns dias ao ano. Tudo o que o senhor exige é a sobrevivência do costume. Não se trata de que tenha renunciado a arrecadar uma parte importante a partir do trabalho do camponês, mas que o camponês, apoiado na comunidade aldeã, tenha lutado com vigor contra a corveia; obteve em muitos dos casos franquias coletivas, e em todos os casos trabalhou melhor em sua parcela que no domínio senhorial. Daí que esse domínio do senhor vegetou durante um certo tempo, finalmente repartindo-se em novas parcelas (*tenures*). A renda do senhor, a partir deste momento, provém quase que exclusivamente dos tributos anuais sobre essas parcelas. A obrigação de utilizar o moinho, ou o forno senhorial, vai aparecer cada vez mais como a exploração pecuniária de um monopólio. O senhor, desde esse momento, está mais perto de um *arrendador do solo* que de um organizador. Mas a *renda em trabalho* passa a ser *renda em espécie*. Se a parte exigida não é muito grande (isto depende dos diversos momentos e das circunstâncias), o camponês e a comunidade aldeã tem mais liberdade e maior interesse no trabalho. Em contrapartida, o direito do senhor mostra-se cada vez mais como parasitário.

Uma última transformação será levada a cabo quando a *renda em espécie* tende a ceder lugar à *renda em dinheiro*. Mas isto corresponde já a uma fase de dissolução da sociedade feudal que se realiza em datas bastante distintas segundo as regiões. No século XIII, no Ocidente europeu, indicamos já de que modo os senhores desejavam cada vez mais dispor de dinheiro líquido e pretendiam exigir mais

A EVOLUÇÃO DO SISTEMA FEUDAL EUROPEU

tributos-dinheiro que produtos. Mas a alta dos preços dos produtos agrícolas, bastante marcada no final do século XIII, faz com que qualquer taxa, uma vez fixada, perca em seguida seu valor. A riqueza senhorial estaria portanto ameaçada se consistisse essencialmente em renda-moeda. São duas tendências contraditórias que explicam a complexidade e a lentidão das transformações.

A DESAGREGAÇÃO DO REGIME FEUDAL NO CAMPO

Da mesma forma como em todos os regimes fundados na exploração do homem pelo homem, o tempo de criação e de equilíbrio do regime feudal foi de duração limitada. Na Europa, nos séculos XIV e XV, vemos eclodir e prolongar-se uma *crise geral* da sociedade feudal, que não é a última. Ainda que o declinar do mundo feudal dure relativamente menos tempo que o declinar do mundo antigo, ocupa também vários séculos (XV – XVIII), até o momento em que uma nova classe – a burguesia – persegue conscientemente sua destruição e sua substituição.

No século XIV, torna-se evidente em todos os países da Europa ocidental que o regime feudal tinha deixado de ser favorável ao desenvolvimento das forças produtivas. Nem a extensão, nem a intensificação da agricultura podem fazer frente ao aumento da população. Os arroteamentos detêm-se, as terras esgotam-se. Fomes terríveis, seguidas de epidemias, afetando sobretudo os mais pobres, sucedem-se com um ritmo bastante rápido. A "Peste Negra" – 1348-1349 – é a mais célebre; mas o característico não é o aparecimento dessas calamidades (já haviam ocorrido muitas outras), mas a sua repetição e seu resultado: numerosas aldeias despovoadas, numerosas terras abandonadas. A constituição dos primeiros Estados nacionais apoiada sobre a estrutura política feudal, provoca guerras terríveis como a Guerra dos Cem Anos, entre a França e Inglaterra. Estas destruições vão acompanhadas de grandes levantes camponeses: em 1358, a "Jacquerie" na França do Norte; em 1381, a revolta dos trabalhadores na Inglaterra. Esses fenômenos são bastante gerais, constatados também na Espanha e Alemanha; em muitos casos são concomitantes, provocados por uma crise de conjunto, e não por circunstâncias locais.

A crise provém do agravamento da exploração das massas camponesas, não tendo mais como contrapartida um desenvolvimento das forças produtivas, porque os impostos senhoriais chegaram a ser puramente parasitários, e aumentam com o gosto pelo luxo e com o desenvolvimento das trocas no seio das classes superiores.

Além disso, com o progresso do poder real, que tende a organizar o Estado moderno, soma-se à fiscalização feudal uma fiscalização real. Por ultimo, no interior do próprio campesinato, esboça-se uma diferenciação social e aparecem oposições entre ricos e pobres na comunidade aldeã.

As *revoltas camponesas*, que marcaram esse amplo período de crise, tiveram resultados diferentes, mas todas possuíam um caráter comum: nenhuma dela pôde provocar uma transformação social revolucionária, um novo modo de produção; nesse sentido assemelham-se às revoltas de escravos em Roma, pois não trazem consigo nem os meios, nem a concepção de um novo regime social.

O exemplo mais claro é o da Guerra dos Camponeses em 1525 que abalou uma parte da Alemanha. Uma grande parte, nascida entre a Floresta Negra e o lago de Constança, estendeu-se pela Alsácia, pelo Palatinado, Hesse e os ducados de Brunswick, logo pelo Alto Danúbio e a Francônia, Turíngia, Saxe, e por último o Sul: Tirol, arcebispado de Salzburg, Styria, Caríntia, Carniola. Muitas cidades caíram em mãos dos insurretos. Mogúncia negocia com eles. Trèves e Frankfurt viram-se ameaçadas. Contudo, a insurreição foi esmagada em toda parte em alguns meses.

Na sua origem encontra-se a miséria camponesa. A concentração de poderes havia sido feita na Alemanha ao nível dos príncipes, os quais, para manter seu luxo e seus exércitos permanentes, decretavam impostos quando bem entendiam, enquanto a pequena nobreza dos castelos, arruinada pela evolução da técnica militar, esforçava-se em pressionar o camponês, utilizando ao máximo, inclusive por meio da violência, os antigos direitos feudais. Foram aumentados os impostos e as prestações, enquanto eram atacados os tradicionais direitos camponeses sobre os bosques, assim como sobre as terras comunais. Compreende-se então a razão da insurreição generalizada, prejudicada pela dispersão provincial e pela estreiteza de objetivos dos camponeses insurretos. Constantemente estes se negavam a acudir em auxílio os camponeses de regiões vizinhas; seus bandos foram aniquilados sucessivamente em combates isolados por frações de exércitos que em muitos casos não representavam senão a décima parte de seu número. A poderosa coalizão dos príncipes, da nobreza e das cidades, a desaprovação de Lutero, organizador da revolução religiosa, foram os fatores que acabaram com a guerra das camponeses. "A maior tentativa revolucionária da povo alemão", constata Engels, "termina com uma derrota vergonhosa e com uma opressão momentaneamente redobrada".

Mas o mesmo não havia ocorrido em todos os lugares. Na Catalunha, entre 1300 e 1486, havia se desenvolvido uma "guerra de cem anos", descontínua mas encarniçada, entre camponeses e senhores para que fosse abolida a *"remensa"* (resgate da vinculação à

A EVOLUÇÃO DO SISTEMA FEUDAL EUROPEU 33

terra) e os "maus usos" (exações de todos os tipos renovadas pelos senhores). A ruína dos senhores pelo despovoamento dos "*mas*", e o desacordo existente entre eles e o rei, o qual queria impor sua autoridade, permitiu aos camponeses obter um "compromisso" vantajoso, mas vantajoso somente para os mais acomodados. Constituiu-se uma aristocracia camponesa, importante para o futuro do país, mas a estrutura feudal (prestações, propriedade eminente dos senhores) subsistiu.

Por outro lado, esse esquema não é válido para toda a Espanha. Em Majorca, a revolta camponesa havia sido esmagada em 1381, e em Valência no ano de 1526. Em todos os lugares onde os cristãos da Reconquista submeteram os camponeses muçulmanos, impuseram a esta população "mourisca" um estatuto de servidão coletiva com matizes coloniais.

Vemos que o equilíbrio relativo entre camponeses e senhores, no curso desta imensa crise de cerca de dois séculos, rompeu-se tanto num sentido como noutro. A verdadeira revolução social viria de outros fenômenos, de outras classes, de outro tipo de revoluções. Contudo, não devemos minimizar o papel dos camponeses nessa transformação futura, já que serão eles que proporcionarão a massa de trabalhadores proletarizados necessária para a constituição do capitalismo.

A estabilização da sociedade camponesa foi lenta e foi levada a cabo sob diversas formas, entre os séculos XVI e XIX. Recordemos quais foram essas formas principais e em que medida dificultaram, ajudaram ou orientaram a instalação do capitalismo:

1º) Quando os camponeses se encontraram em condições de consolidar sua possessão sobre a terra e quando, graças à manutenção dos direitos coletivos sobre os bosques e campos de pastagens comuns, a coesão da comunidade aldeã subsistiu como pôde, abriu-se o caminho para a propriedade camponesa livre, mas sempre *propriedade parcelada*. Isto foi, por exemplo, o que a Revolução de 1789 consagrou na França mediante a abolição dos últimos direitos feudais. Observemos contudo que essa situação era, para o futuro, um obstáculo ao desenvolvimento integral do capitalismo.

"A propriedade parcelada, diz Marx, exclui por sua própria natureza o desenvolvimento das forças produtivas sociais do trabalho, o estabelecimento de formas sociais de trabalho, a concentração social de capitais, a criação de gado em grande escala e aplicação progressiva da ciência ao cultivo"[7].

2º) Pelo contrário, nos países situados a leste do Elba a lentidão dos progressos técnicos e um menor desenvolvimento das trocas comerciais permitiram aos senhores fundiários a manutenção de um poder exclusivo sobre seus rendeiros (*tenanciers*). Este poder mantinha-se sem a contrapartida real da ausência de cidades e de burguesias com poderes comparáveis àquelas da França, Itália, Grã-Bretanha ou dos Países Baixos. É no quadro de tais condições que os senhores da Alemanha Oriental, da Rússia, Polônia, Boêmia, Hungria, e mais tarde da Romênia, encontraram-se, a partir do século XVI, diante de dificuldades, mas também das possibilidades que lhes trazia a constituição de um mercado europeu e mundial agindo sobre os mercados nacionais e locais. É então elaborada uma via original de adaptação do modo de produção feudal: para manter suas rendas, seu poderio e seu prestígio, eles irão se esforçar para inserir-se nos circuitos comerciais através do recurso que denominamos de *segunda servidão*. Os camponeses rendeiros, que antes se encontravam de fato livres deles, e não estavam submetidos senão ao pagamento de rendas em produtos com corveias reduzidas, veem ser imposta progressivamente a servidão pessoal. Por intermédio de corveias maciçamente aumentadas, procurou-se conseguir a força de trabalho necessária para a exploração dos grandes domínios reconstituídos por seus senhores. Este fenômeno desenvolve-se num longo processo, que se estende do século XVI ao XVIII, com ritmos, formas e etapas que diferem na Alemanha, Polônia, Rússia, Hungria e ainda na Romênia, onde o desabrochar do sistema é complexo e relativamente tardio. Aqui, as relações de propriedades resultaram mais capazes de se adaptarem ao capitalismo, dado o retorno ao grande cultivo, destinado a proporcionar produtos em grandes quantidades para os mercados exteriores. É o que Lênin chamou "a via prussiana de desenvolvimento do capitalismo na agricultura", que não exclui a manutenção de características semifeudais nas relações entre o proprietário e o camponês.

3º) Nas regiões mediterrâneas, particularmente naquelas regiões da Itália onde a economia monetária foi mais precoce, pôde ser elaborada, a partir do século XIII, uma forma de transição entre a economia agrícola feudal e a economia capitalista, a parceria (*métayage*). A renda em espécie (parte dos frutos) paga ao proprietário agrário, não é, neste caso, como na economia feudal, um preço pago somente pelo monopólio da terra, mas também é, em parte, a remuneração pelos capitais investidos na exploração pelo proprietário agrário. O que a parceria comporta de progressivo provém de que as propriedades rurais poderiam surgir de uma reunião de parcelas e de um remembramento que conduziria a unidades de produção maiores e mais racionais, independentemente de ingresso de um capital investido de forma produtiva. Mas desde logo devemos distinguir entre as propriedades suficientemente grandes e aquelas bastante pequenas para assegurar ao parceiro um *minimum* de renda. Sem dúvida, a parceria encontrando-se ainda num meio feudal, mantém as *prestações em trabalho* e uma certa dependência pessoal do parceiro. Na exploração típica da Itália Central, toda a família do parceiro está obrigada a reservar seu trabalho para cultivar o domínio do senhor sob a vigilância do proprietário, que toma o direito de adaptar a vida desta família, inclusive a mais íntima, às necessidades da produção. O parceiro acha-se então demasiado carregado de trabalho para poder melhorar a produção, e assistimos, quase sempre, ao proprietário substituir o parceiro na posse do capital, em vida ou morte do mesmo. Pouco a pouco a condição do parceiro vai assemelhando-se à de um operário agrícola pago em espécie e bastante mal. A parceria torna-se um fator de estagnação econômica[8].

4°) Por último, a forma mais elevada da transformação das relações de produção no campo, ainda durante o feudalismo, foi o arrendamento (*fermage*), cujas origens foram precisadas por Marx[9]. O arrendamento está por sua vez ligado às transformações sociais da cidade e do campo. Na comunidade aldeã, uma diferenciação crescente traz consigo a constituição de uma classe de não possuidores que se alugam por dinheiro e utilizam desde logo, por conta própria, os camponeses acomodados.

"Entre os antigos exploradores possuidores da terra cria-se, assim, um viveiro de arrendatários (*fermiers*) capitalistas... Seu progresso é particularmente rápido em determinadas circunstâncias, como no século XVI na Inglaterra, quando a progressiva desvalorização da moeda enriqueceu os arrendatários às expensas dos proprietários fundiários, graças ao costume dos contratos (*baux*) a longo prazo..."

Por outro lado, a terra foi com frequência arrendada aos capitalistas das cidades, burgueses que transferiam para os campos o capital adquirido nos negócios.

O futuro pertencia a esses arrendatários capitalistas; mas enquanto durasse o regime feudal e sua forma de Estado, esses indivíduos continuavam sofrendo o peso dos dízimos, dos tributos feudais, ao mesmo tempo a injusta repartição dos impostos reais e as dificuldades para o comércio. Certamente, às vezes esses arrendatários integravam-se de uma forma contraditória no regime existente, daí conseguindo retirar lucros, tornando-se arrendatários dos direitos senhoriais e entregando-se localmente a variadas atividades comerciais. Mas a tendência fundamental, a longo prazo, era a de esses arrendatários terem interesse, pelas mesmas razões dos pequenos camponeses ou dos burgueses, na destruição do regime feudal.

NOTAS

1. Este texto, preparado inicialmente por Charles Parain para que se constituísse numa *ampla base de discussão*, foi retomado e complementado por Pierre Vilar.

2. "A feudalidade não trazida já completamente elaborada da Alemanha, mas teve sua origem, do lado dos conquistadores, na organização militar do exército durante a mesma conquista; esta organização desenvolveu-se depois da conquista, sob o efeito das forças produtivas encontradas nos países conquistados e somente então converteu-se na feudalidade propriamente dita" K. Marx, F. Engels, *L'Idéologie Allemande*, primeira parte: "Feuerbach", Édition Sociales, Paris, 1968, pág. 101.

3. Carta de 22 de dezembro de 1882.

4. *Ibidem*.

5. Um dos primeiros "códigos" que reúne os usos feudais, os "UTSAGES" de Barcelona (1008), diz: "As calçadas e vias públicas, as águas correntes e as fontes vivas, os prados, os campos de pastagem, os bosques e as rochas... são dos senhores não porque os tenham em *alódio* (ou seja, em propriedade absoluta) ou os tenham em seu senhorio, mas para que em todos os momentos seu desfrute passe a seu povo."

6. K. Marx, *Le Capital*, livro III, t. VI, cap. XVIII, 2.

7. K. Marx, *Le Capital*, Paris, Éditions Sociales, 1967, livro III, t. VIII, cap. XLVIII, 5, pág. 186.

8. Um exemplo particularmente esclarecedor encontra-se reproduzido por G. Lefebvre, *Questions agraire au temps de la Terreur*, 1932, pág. 193. Um memorial enviado pela municipalidade de Mornand (departamento do Loire) e assinado pelos habitantes de outras comunas, 5 de setembro de 1790, explica que aquilo que o parceiro ou granjeiro recolhe "não é para ele senão um módico e cruel salário; penosamente encontra aqui uma alimentação grosseira; o mais grosseiro pão, uma água pútrida, alguns legumes e queijo; ainda lhe tiram tudo o que podem destes dois últimos artigos, que são para ele bastante necessários; se ele não possui o que lhe pede o arrendamento, é preciso que o compre, assim como os ovos e as aves domésticas que são para ele como o fruto proibido". Os granjeiros que têm sorte devem, adiantado, 800 libras pelo menos, que recebem de seu pai ou que economizam. Também a municipalidade vê os granjeiros como "servidores domésticos, os primeiros *valets de labour*, bem menos assalariados e com muito mais riscos que aqueles a quem (os senhores) dão, com este nome, um salário de criados bem mais seguro".

9. K. Marx, *Le Capital*, Paris, Éditions Sociales, 1969, livro I, t. III, cap. XXIX.

Tradução: Theo Santiago

A TRANSIÇÃO DO FEUDALISMO AO CAPITALISMO*

PIERRE VILAR

A passagem *qualitativa* da *sociedade feudal* à *sociedade capitalista* não deve ser colocada de uma maneira acabada (existem variações segundo os diversos países); mas não deixa de ser útil assinalar desde seu aparecimento os fatores que preparam, desde longo tempo, essa mudança de natureza.

Temos de imediato que todo elemento contrário ao princípio do modo de produção feudal prepara sua destruição. Este princípio é a propriedade da terra em diferentes graus, e a propriedade limitada sobre as pessoas, daí resultando um circuito quase totalmente fechado entre o produto agrícola e o consumo conjugado das classes camponesas e das classes feudais.

As trocas exteriores perturbam este circuito, a circulação monetária desenvolve-se, a propriedade absoluta progride (em lugar de retroceder) diante da propriedade feudal, os homens livres (ricos ou pobres) são cada vez mais numerosos que aqueles ainda vinculados às relações feudais, a cidade adquire uma grande importância ao lado dos campos, constituem-se fortunas mobiliárias, os impostos do Estado vêm competir com os tributos senhoriais: todos estes atos são ameaças à pureza do regime feudal e preparam sua desagregação. Alguns deles aparecem desde o século XI, daí sucedendo que, localmente, pode ser esboçado um modo de produção capitalista. Marx o admite para algumas cidades italianas no século XIV.

Mas estes esboços isolados retrocedem em seguida, e não podemos falar de verdadeira passagem ao capitalismo senão quando regiões suficientemente extensas vivem sob um regime social completamente novo. A passagem somente é decisiva quando as revoluções políticas sancionam juridicamente as mudanças de estrutura, e quando novas classes dominam o Estado. Por isso a evolução dura vários séculos. Ao final, é acelerada pela ação consciente da burguesia. Portanto, a instalação do capitalismo será no final mais rápida que a do feudalismo, da mesma forma que a instalação do

---

* Vilar, P. "La transition du féodalisme au capitalisme"[1], in *Sur le féodalisme*, CERM/ Éditions Sociales, Paris, 1971.

socialismo, mais consciente ainda, tem a possibilidade de ser ainda mais rápida.

A FORMAÇÃO DA BURGUESIA E A PASSAGEM DO FEUDALISMO AO CAPITALISMO

OBSERVAÇÕES PRELIMINARES

Devemos empregar com precaução a palavra "burguesia" e devemos evitar o termo "capitalismo" enquanto não se trate da sociedade moderna, onde a produção maciça de mercadorias repousa sobre a exploração do trabalho assalariado, daquele que nada possui, realizada pelos possuidores dos meios de produção.

Falar de "capitalismo" antigo ou medieval, porque existiam financistas em Roma e mercadores em Veneza, é um abuso de linguagem. Esses personagens jamais *dominaram a produção social de sua época*, assegurada em Roma pelos escravos e na Idade Média pelos camponeses, sob diversos estatutos da servidão.

Quanto à produção industrial da época feudal, sabemos que era obtida quase que exclusivamente sob a forma *artesanal* e *corporativa*. O mestre artesão compromete, por sua vez, seu capital e seu trabalho, e alimenta em sua casa seus companheiros e seus aprendizes. Não há a *separação entre os meios de produção e o produtor*, não há uma redução das relações sociais a simples laços de dinheiro, portanto, *não há capitalismo*.

O caráter coletivo do modo de vida urbano (*comunas*), do modo de vida dos mercadores (*guildas*), e a inserção dessas coletividades no marco feudal (a comuna é um "senhor coletivo"), serviriam para impedir qualquer confusão entre as estruturas "burguesas" da Idade Média e as que a burguesia capitalista, propriamente dita, do século XIX, faria triunfar.

Por último, ainda que seja correto que não se possa exagerar o caráter "fechado", "natural" da economia feudal nas suas origens (a troca nunca foi "nula"), não é menos exato que bastante tarde ainda, nos séculos XVII e XVIII, a sociedade rural, surgida do feudalismo, viveu durante muito tempo fechada em si mesma, com um mínimo de trocas e de contratos em moeda. A comercialização do produto agrícola foi sempre muito parcial. Contudo, no capitalismo evoluído, *tudo é mercadoria*. Nesse sentido, como falar de "capitalismo" no século XV, ou mesmo no século XVIII francês?

O RENASCIMENTO DAS CIDADES: BURGUESIAS MERCANTIS E CORPORAÇÕES.

No Ocidente europeu – não no Oriente, nem nos países árabes – o *minimum* da atividade urbana situava-se antes do século III, quando as cidades romanas foram cercadas de muralhas, e, sem desaparecer, começaram a viver mediocremente. O caráter essencialmente rural da vida econômica e social corresponde a todo o período de implantação do modo de produção feudal, ou seja, do século IV ao X. Somente em condições muito especiais, algumas cidades (Lund no Báltico, Veneza no Mediterrâneo) praticaram desde o século IX o comércio com terras longínquas. Em determinadas frentes de contato, entre a Espanha muçulmana e a cristã, por exemplo, as cidades também desempenharam um papel considerável, seja militar ou já comercial, para a redistribuição dos objetos preciosos ou das moedas adquiridas nas *razzias* e na venda de escravos.

Somente a partir do século XI é que se generalizou o grande comércio. Sua penetração combinou-se com o crescimento da produção local destinada ao mercado, com a progressiva substituição das oficinas confiadas aos servos na reserva senhorial para a fabricação de objetos de uso corrente pelas oficinas urbanas. Este primeiro passo na direção da especulação acha-se na origem da oposição cidade-campo, cujo papel na história é bastante importante.

As cidades dependiam dos senhores. Mas elas foram mais fortes que as aldeias para discutir com seus amos, rebelarem-se, obter ou impor "cartas de franquias". Coletivamente, continuavam vinculadas ao sistema feudal, na medida em que se reconheciam soberanos e possuíam senhorios. Mas em seu território, e sobretudo no recinto dentro da muralha, os habitantes eram livres e participavam da organização coletiva. Os senhores tiveram de conceder "cartas" do mesmo gênero às "vilas novas", que eram fundadas para vigiar as fronteiras, povoar territórios ou aproveitar as encruzilhadas.

Este rápido despontar de cidades livres (a "revolução comunal") tem um alcance limitado, porque não modifica o modo e as relações de produção da quase totalidade da população, que continua sendo camponesa. Não obstante, tem uma influência direta apreciável, pelo exemplo que dão a muitas comunas rurais que também se libertam, e pelo asilo que oferecem aos servos fugitivos, outra fonte de liberdade.

No interior das cidades, os nobres (que por vezes aí habitam), os mercadores, as corporações artesanais, disputam o poder municipal, eliminam-se reciprocamente ou firmam compromissos. No caso das cidades marítimas mais importantes como Veneza, aristocratas mercadores dispõem de poderes militares, navais e políticos bastante amplos. Em algumas dessas cidades mediterrâneas e também em

Flandres, a produção têxtil destinada à exportação adquire, excepcionalmente, aspectos de esboço mais próximo do capitalismo[2], mas que, historicamente, não é determinante.

Com efeito, vemos que se a crise geral do feudalismo, nos séculos XIV e XV, deixa que flutuem algumas ilustres prosperidades urbanas, algumas brilhantes fortunas mercantis, isso é mais aparência que realidade. É o tempo do luxo, das grandes construções, dos mecenas das artes, mas não é o do auge produtivo. As grandes burguesias enriquecidas vivem daí em diante de rendas, ou compram terras feudais; imitam os grandes senhores. São elas que sustentam sempre os senhores quando se produzem as guerras camponesas. No interior das comunidades, as lutas de classe agravam-se e os sistemas representativos, que sempre foram oligárquicos, transformam-se em "tiranias".

Por último, as cidades do Mediterrâneo que haviam realizado as mais importantes "repúblicas mercantis", caem em decadência, pelo menos relativa, devido à conquista do Oriente pelos turcos e diante do triunfo das rotas comerciais do Atlântico. Será agora em Flandres, na Inglaterra, em Portugal e na Espanha que aparecerão as novidades decisivas para a transformação do Ocidente europeu.

De fato, a primeira etapa da formação do capitalismo, depois da crise dos séculos XIV e XV, não poderia fundar-se senão por um avanço das forças produtivas, que ocorreu entre meados do século XV e XVI.

SÉCULOS XV-XVI. AS FORÇAS PRODUTIVAS:
INVENÇÕES E DESCOBRIMENTOS

Foi precisamente ao longo da crise geral do feudalismo (como reação a ela) que numerosas invenções vieram modificar o nível das forças de produção. Recentes estudos precisaram que no século XV o número de inventos foi maior que no século XVII. O uso da artilharia obrigou a impulsionar a produção de metal. O primeiro alto forno data do século XV. A difusão do pensamento humano, com a invenção da imprensa, o progresso da ciência da navegação, desempenharam um papel não menos importante. Pela primeira vez, técnicas industriais e de comunicação ultrapassam a técnica agrícola. É o começo de um processo que colocará a indústria no primeiro plano do progresso. Na agricultura, a horticultura (Itália, vale do Loire) e talvez a viticultura, conhecem algumas melhoras. Mas o rendimento dos grãos não irá sentir um progresso antes do século XVIII, e as colheitas continuarão a ser irregulares, com carestias periódicas. Em contrapartida, o apelo comercial da indústria têxtil faz com que na Inglaterra e em Castela a criação de carneiros concorra com a agricultura e despovoe os campos. É uma especialização que vai no sentido do capitalismo (produção para o grande comércio, êxodo rural com vantagem para as cidades, proletarização do campesinato), mas que contribui para a diminuição da massa de alimentos disponível para a população. Contudo, em outros lugares como na França, as terras abandonadas quando da fome do século XIV e durante as guerras, recuperam-se a partir dos anos 1460-1470, correspondendo a um aumento demográfico, que desempenha durante certo tempo o papel de um progresso das forças de produção.

Este impulso *interno* foi finalmente interrompido a partir dos últimos anos do século XV, por uma injeção de riqueza *exterior* devido à expansão marítima e colonial.

A circum-navegação da África, o descobrimento da rota das Índias por Vasco da Gama, o da América por Colombo e a volta ao mundo por Magalhães elevaram o nível científico e ampliaram a concepção do mundo na Europa.

Mas ao mesmo tempo o grande comércio de produtos exóticos, de escravos e metais preciosos – a verdadeira finalidade dos "descobridores" – voltava a ser aberto e extraordinariamente ampliado. Uma nova era abria-se para o *capital mercantil*, mais fecunda que a das repúblicas mediterrâneas da Idade Média, porque desta vez constituía-se um mercado *mundial* e seu impulso afetava *todo o sistema produtivo europeu*, e porque grandes Estados, e não mais simples cidades, daí iriam aproveitar-se para se constituírem.

A ACUMULAÇÃO PRIMITIVA DE CAPITAL

Os economistas burgueses, ao fazerem do capital a *origem* da produção, viam-se com dificuldades para explicar, por sua vez, a *origem do capital*. Marx ridicularizou esta evasiva diante deste "pecado original" e sua idílica explicação a partir do espírito de poupança dos bons e o espírito perdulário dos maus. Max Weber, ao atribuir este espírito de poupança ao protestantismo, não fez mais que somar um novo mito à velha fábula apologética.

Marx demonstrou magistralmente[3] que, se o capital se reproduz e se acumula somente pelo livre jogo das forças econômicas, foi preciso, entretanto, que sua *acumulação primitiva* se fizesse graças às crises, às violências, aos desequilíbrios, aos açambarcamentos e às usuras que marcaram o fim do regime feudal e a expansão dos europeus através do mundo. Devemos assinalar aqui suas principais modalidades, que hoje a história econômica europeia deforma em muitos casos (Max Weber e Keynes conservam uma influência nefasta); mas sobre as quais investigações históricas mais profundas não deixam de trazer complementos e confirmações dos geniais esboços que Marx traçou, confirmações que nem sequer os historiadores mais honestos preocupam-se em colocar claramente.

a) *Expropriação agrária e proletarização das massas rurais*

Na Inglaterra, a pequena propriedade e o gozo dos direitos contribuíram para desenvolver, a partir do século XIV, uma classe rural precocemente comprometida na produção artesanal e na comercialização dos produtos. Por esta mesma razão, a diferenciação entre aldeãos ricos e pobres e o incentivo de grandes lucros conseguidos sobre os campos de pastagem, devido à extensão da indústria de lã, trouxeram como consequência uma expulsão em massa dos pequenos agricultores durante os séculos XV e XVI e uma apropriação sistemática de suas parcelas, bem como das terras comunais pelos grandes proprietários. O despovoamento, o empobrecimento dos campos são descritos de forma dramática pelos contemporâneos. Thomas Morus, em *Utopia*, fala do país "onde os carneiros devoram os homens". A legislação foi impotente contra este movimento. E foi contra os pobres, desocupados e vagabundos, que a lei acabou voltando suas armas. A primeira "lei dos pobres", no reino de Elizabeth, preparou, sob o pretexto de ajuda obrigatória, essas futuras "casas de trabalho" onde o pobre "que não tinha onde cair morto" seria colocado à disposição do produtor industrial.

Expropriação-proletarização são os dois termos da "acumulação primitiva" no estado puro, a perfeita separação, mediante a violência legalizada, do produtor de seus meios de produção. Por isto Marx elegeu o exemplo inglês dos séculos XV e XVI como símbolo. Para dizer a verdade, teremos que esperar o século XVIII para que o processo seja concluído, e somente na Inglaterra "cumpriu-se de uma maneira radical":

> Mas em todos os países da Europa Ocidental produz-se o mesmo movimento, ainda que, mediante o meio, mude de cor local ou encerre-se num círculo mais estreito, ou apresente um caráter menos pronunciado ou siga uma ordem de sucessão diferente[4].

Na Rússia, por exemplo, Lênin descreve o movimento de expropriação-proletarização como consequência da libertação dos servos em 1861. Na França, onde é mantida a propriedade em pequenas parcelas, com a ajuda da legislação degaullista, prossegue-se a expropriação-proletarização do camponês. Nos Estados Unidos, considera-se que a baixa percentagem da população ocupada na agricultura seja um sinal de "desenvolvimento"; isto é também a

A TRANSIÇÃO DO FEUDALISMO AO CAPITALISMO

medida de uma *proletarização*. O número dos trabalhadores que dispõem de seus meios de produção chegou a ser ínfimo. O capitalismo mais avançado expropriou completamente o camponês, fazendo o que finge reprovar no socialismo.

b) *Saque e exploração colonial. Diversos aspectos de suas consequências*

A colonização europeia em escala mundial determina outro aspecto da acumulação primitiva, realizando-a por mecanismos bastante variados:

Os saques. Delicadas joias arrebatadas dos índios das ilhas, imensos tesouros dos príncipes mexicanos e incas: tudo foi diretamente transferido para a Europa. É correto que os "conquistadores" espanhóis e o imperador Carlos V dedicaram essencialmente estes primeiros lucros a suas empresas militares ou suntuárias, mas o ouro passou às mãos dos mercadores, dos banqueiros que, como os Függer ou os Welser, converteram-se nos intermediários da aventura colonial.

É claro que uma economia não pode basear-se durante muito tempo no simples e puro saque. Mas tampouco devemos crer que se tratou de um breve episódio. Os holandeses, que difundiram uma versão bastante negra das crueldades espanholas na América, não foram menos cruéis nas ilhas do Extremo Oriente, as quais ocuparam no século XVII, nem os ingleses na Índia (século XVIII). Além do que, desde o tempo de Elizabeth, uma das grandes fontes de enriquecimento da corte real inglesa fora a pirataria, a pilhagem direta dos carregamentos espanhóis. A esta economia de pilhagem, a colonização a seguir acrescenta uma exploração contínua e sistemática.

Exploração colonial e alta de preços na Europa. Muitos historiadores contentam-se em constatar: é produzida, na Europa no século XVI, uma chegada em massa de ouro, e sobretudo de prata. Isto desencadeia uma "revolução nos preços"; o preço dos produtos europeus sobe, por vezes, numa proporção de 1 a 4. Como os salários sobem muito menos, produz-se uma "inflação de lucros", e o primeiro grande episódio de criação capitalista.

O esquema não é falso, e Marx foi o primeiro a descrevê-lo em 1847 no *Trabalho assalariado e capital:*

> No século XVI, a quantidade de ouro em circulação na Europa aumentou por consequência do descobrimento das minas americanas, mais ricas e fáceis de explorar. O resultado foi que o valor do ouro e da prata diminuiu em relação ao de outros artigos de consumo. Continuava-se a pagar aos trabalhadores os mesmos salários

por sua força de trabalho. Seu salário-dinheiro manteve-se estável, mas seu salário diminuiu, porque em troca da mesma quantidade de dinheiro recebiam uma quantidade menor de bens. Este foi um dos fatores que favoreceu o crescimento do capital e o ascenso da burguesia no século XVI.

Marx diz: *um* dos fatores, e que *favoreceu*. Não diz como Keynes e seus discípulos: a chegada do ouro americano, a alta de preços, a baixa relativa dos salários são a *causa* do avanço produtivo do século XVI. Marx não o disse, 1°) porque no século XVI a quase totalidade da produção não é obtida sob o regime de assalariamento (a economia é feudal ou artesanal); o que *favorece* a alta de preços é a *instalação* do assalariamento; encontramo-nos na fase *preparatória* do capitalismo, na acumulação *"primitiva"*; 2°) o lucro capitalista é apenas *facilitado,* não é *medido* pela distância que se estabelece entre preços e salários; depende, com efeito, do *tempo de trabalho* incorporado numa determinada mercadoria, comparado com o *tempo de trabalho* incorporado no salário do trabalhador que a produziu; mas este tempo de trabalho depende de condições muito complexas (intensidade, organização, aparelhagem técnica) e não somente de variações monetárias; 3°) por último, os preços europeus não sobem no século XVI porque o ouro e a prata são "mais abundantes"; sobem porque o *preço de custo* do ouro e da prata diminuem; portanto, os lucros são extraídos mais do *trabalho dos mineiros americanos* que da exploração crescente dos trabalhadores europeus.

Este trabalho na América, em suas diferentes formas (escravismo, *encomienda, mitas,* compromisso entre esse trabalho forçado e um salário), foi extenuante. Os índios das ilhas (São Domingos, Cuba) pereceram em massa; a população do México também caiu. Por isso, a partir de 1600 o preço de custo do metal precioso aumentou e, portanto, o preço das demais mercadorias começou a baixar na Europa. Os lucros eram então obtidos com menos facilidades, e no século XVII a acumulação primitiva de capital foi menos intensa que no século XVI; voltou a subir no século XVIII, quando o ascenso demográfico e a exploração colonial reorganizada permitiram novamente que fossem diminuídos os preços de custo da extração mineira (ouro do Brasil, minas mexicanas). Deste modo, vemos que a intensidade da acumulação monetária na Europa, condição para a instalação do capitalismo, dependeu do *grau de exploração do trabalhador americano.* Isto não vale somente para as minas. O ouro e a prata são mercadorias. O açúcar, o cacau, o café, as madeiras tintoriais podem provocar fenômenos análogos. A acumulação primitiva do capital europeu dependeu tanto do escravo cubano quanto do mineiro dos Andes.

O escravismo velado dos assalariados europeus, *conclui a Marx*, não podia instalar-se senão sobre o escravismo sem disfarce dos trabalhadores do Novo Mundo.

O papel do capital usurário e do capital mercantil. Enquanto a produção industrial em massa não se torna regra, na Europa no século XIX e ainda hoje, nos chamados países "subdesenvolvidos", a acumulação monetária é obtida por três procedimentos: 1°) o *empréstimo usurário para o consumo*. No nível mais baixo, em cada aldeia, o homem que tem disponibilidades monetárias, pode emprestar, com juros muito elevados, ao camponês que não tem do que viver o necessário para comprar a semente ou uma ferramenta, ou para pagar o imposto; no nível mais alto, os grandes mercadores ou banqueiros emprestam aos grandes senhores ou aos príncipes; é mais perigoso pois pode haver falências, confiscos, mas ao mesmo tempo é remunerador; 2°) *a especulação sobre a escassez* é outro modo de acumulação. As carestias são periódicas, e aqueles que podem acumular grão o vendem, no momento oportuno, a quem oferece mais; esses "açambarcadores" são detestados, mas enriquecem; 3°) *a especulação comercial* a partir dos produtos valiosos é a que alimenta o *capital mercantil* propriamente dito. Relacionando pontos do globo nos quais as condições de produção são completamente distintas e monopolizando pequenas quantidades de produtos de grande valor, o mercador da Idade Média realizava operações aventureiras, mas lucrativas. Os primeiros mercadores portugueses e espanhóis, que colocaram Lisboa e Sevilha em relação com o Extremo Oriente e com a América, não fizeram outra coisa. Os conquistadores e colonos dos primeiros tempos, estavam dispostos a dar muito ouro (que lhes custava pouco) em troca de azeite, vinho ou panos chegados da Europa. Foi este contato inicial, entre condições coloniais e condições europeias, que em primeiro lugar causou a alta de preços. Todos os mercadores do continente afluíram às feiras da Península Ibérica, constituindo-se no maior *boom* histórico do capital mercantil.

Mas um movimento de tal envergadura levava em si sua própria contradição: em primeiro lugar, aqueles países onde os preços subiram demasiado foram eliminados pela concorrência, como no caso da Espanha, onde o afluxo de dinheiro traduziu-se numa pirâmide de dívidas, rendas e censos, tão perfeitamente parasitários que a economia espanhola foi a pique e eliminada do processo capitalista, do qual fora o ponto de partida. Por outra parte, quanto mais dinheiro circula, mais difícil é exigir lucros usurários; a usura não morreu pelas inúteis condenações lançadas pela Igreja, morreu devido à circulação de dinheiro. Por último, na medida em que a navegação progredia, o "mercado mundial" passava a ser uma realidade cotidiana e, consequentemente, desapareceram cada vez mais as oportunidades para a grande especulação comercial, e com tudo isto, os preços tenderam a se igualar.

Tocamos no aspecto dialético do fenômeno: a acumulação primitiva de capital engendra sua própria destruição. Numa primeira fase, a alta dos preços, o aumento dos impostos reais, os empréstimos grandiosos estimulam os usurários e os especuladores, mas no final em graus diferentes segundo os países, as *taxas médias* de juros e dos lucros tendem a igualar-se e a diminuir. Então é necessário que o capital acumulado busque outro meio de reproduzir-se. É preciso que os homens de dinheiro – que se haviam mantido relativamente à margem da sociedade feudal – invadam todo o corpo social e tomem o controle da produção.

AS ETAPAS FINAIS DA TRANSFORMAÇÃO

a) Primeiro controle do capital mercantil sobre a produção industrial

É no curso do século XVII, menos favorável aos lucros extraídos das colônias, que os mercadores, aproveitando as dificuldades do artesanato corporativo e o excesso de mão de obra existente no campo, põem-se a distribuir, primeiro matéria-prima, e logo após instrumentos de produção, tanto a domicílio entre os camponeses, quanto às grandes oficinas, em geral privilegiadas pelo Estado. É a época da "manufatura", importante etapa em direção ao capitalismo, porque realiza na indústria, a separação entre produtor e meio de produção; concorre mortalmente com o artesanato corporativo; organiza a *divisão do trabalho,* que aumenta de modo considerável a produtividade do trabalho individual.

b) Papel dos primeiros Estados nacionais e a acumulação primitiva

O domínio do capital mercantil corresponde, na Europa ocidental, a uma nova estrutura *do Estado.* Às vezes, como na França, esse Estado favorece diretamente a manufatura. Os impostos, cuja importância aumenta, são cobrados geralmente mediante o sistema de *fermes,* ou seja, por companhias de financistas privados, que guardam para si grande parte dessas cobranças feitas a partir do produto nacional. É uma importante fonte de acumulação monetária. A organização do crédito, o aparecimento dos primeiros bancos estatais, se fazem baixar as taxas de juros usurários, em contrapartida mobilizam o dinheiro dos "capitalistas" nas mãos de grupos restritos e poderosos. Por último, o Estado *protege* a produção nacional por intermédio das aduanas e da marinha nacional, pelos "atos de navegação", que lhe reservam os transportes. A finalidade de todas estas medidas é bastante consciente, e expresso amiúde pelos economistas "mercantilistas", que representavam, como mostrou perfeitamente Marx, a forma primitiva, ingênua, do capitalismo: a finalidade de qualquer atividade é "fazer dinheiro"; a nação é rica se tem um saldo positivo de metais preciosos, pouco importa como é distribuído esse saldo. Confundem-se "lucro nacional" e lucro dos comerciantes (que, por sua vez, confundem-se com os industriais).

O país mais característico desta fase é a Inglaterra de finais do século XVII. A evolução que sofreu desde o século XV – concentração da propriedade agrária, proletarização da mão de obra, atividade marítima e colonial – permitiu-lhe superar definitivamente os países dos primeiros descobrimentos, Espanha e Portugal, paralisados pelo excessivo afluxo de dinheiro e o parasitismo das rendas – e evoluir mais depressa que a Holanda (privada de recursos industriais) e a França (onde a estrutura agrária resistiu ao movimento de concentração das propriedades e de "cercamento" das terras comunais). Marx apresentou este avanço da Inglaterra com a seguinte frase:

> Os diferentes métodos de acumulação primitiva, que a era capitalista faz aparecer, dividem-se, primeiro, por ordem mais ou menos cronológica, entre Portugal, Espanha, Holanda, França e Inglaterra, até que esta última combina-os todos, no último terço do século XVII, num conjunto sistemático que inclui por sua vez o regime colonial, o crédito público, as finanças modernas e o sistema protecionista[5].

c) O século XVIII e o novo avanço das forças de produção: produção industrial em massa e "nova agricultura".

Será também na Inglaterra que aparecerão, no curso do século XVIII, as novidades que caracterizam de forma decisiva a nova era, a era capitalista.

O aparecimento do maquinismo. A partir de 1730, e sobretudo a partir de 1760, ocorre uma série de invenções que irão substituir a "manufatura" pela "maquinofatura", ou seja, que permitirão multiplicar a produtividade do trabalho humano, reduzir este mesmo trabalho a um mecanismo cada vez mais barato, cada vez menos unido ao objeto produtivo (de forma contrária ao trabalho artesanal), e, por último, utilizar uma mão de obra de força reduzida, com a mobilização maciça do trabalho de mulheres e crianças. Estas invenções são as que concernem à metalurgia (fundição do carvão) e, por último, à máquina a vapor. Este avanço das forças produtivas é necessário para subverter as estruturas econômicas e sociais. Daí em diante, a *produção industrial em massa* será a fonte essencial do capital, pela distância estabelecida entre o valor produzido pelo operário e o valor que lhe é restituído sob a forma de salário por aqueles que dispõem dos novos meios de produção (máquinas, fábricas). A era da acumulação "primitiva" terminou. Tudo irá tornar-se "mercadoria" e as relações sociais se estabelecerão exclusivamente em termos de dinheiro. Já não há mais "feudalismo".

A exploração cada vez mais acentuada do trabalho humano é sua consequência e seu preço. Por uma parte, o século XVIII é um século de alta geral dos preços, e já falamos da fonte *colonial* deste fenômeno; é ainda o século das grandes fortunas edificadas sobre o ouro do Brasil, da prata mexicana, do açúcar e do rum das ilhas, do algodão da América e da Índia, tudo isto extraído do trabalho dos povos colonizados. Na Europa, a alta dos preços tem como consequência uma *diminuição do salário individual diário real*, da qual o capital aproveita-se. Constata-se, contudo, que o século XVIII, especialmente nos países mais avançados como a Inglaterra, vê desaparecer senão a carestia e a falta de pão, pelo menos as fomes mortais. Como se explica isto? Deve-se, em primeiro lugar, a que os *operários trabalham mais* (mais dias ao ano) *e as mulheres e as crianças são postas a trabalhar.* O salário *familiar* aumenta até o *mínimo de subsistência*, mas por uma quantidade de trabalho extraordinariamente aumentada.

A revolução agrícola e a liberdade do comércio de grão permitem que sejam alimentados um maior número de homens e com maior regularidade; nos países mais adiantados, suprime-se o pousio e utiliza-se mais leguminosas e tubérculos. Isto ocasiona a diminuição dos antigos lucros da especulação quando se tirava proveito das crises de alimentação, fazendo o capital mercantil de tipo antigo ressentir-se. Mas o capital industrial, cada vez que pode diminuir o conteúdo-valor da alimentação mínima do operário, assegura um lucro sempre maior. Vemos com clareza de que maneira, daí por diante, o *capitalismo industrial,* que neste caso, merece simplesmente o nome de *capitalismo,* substitui as modalidades primitivas da formação do capital. Ainda nos países avançados como a Inglaterra, a agricultura, nas mãos dos granjeiros-capitalistas, adapta-se à *produção em massa para a venda,* ou seja, ao capitalismo.

A TRANSIÇÃO DO FEUDALISMO AO CAPITALISMO

Temos de deixar claro que nem todos os países entram desde o século XVIII nesta fase decisiva. Por diversas características, a França se encontra bastante atrasada com relação à Inglaterra. A Europa oriental e meridional ainda custará muito a criar as aglomerações urbanas dedicadas completamente à indústria, como Manchester, que durante bastante tempo será um símbolo. Somente no século XIX o capitalismo industrial se propagará tal como havia nascido na Inglaterra a partir de 1760. Sabemos que ainda hoje não chegou a todos os continentes.

Resta considerarmos que um regime social não está constituído exclusivamente por seus fundamentos econômicos. A cada modo de produção corresponde não somente um sistema de relações de produção, como também um sistema de direito, de instituições e de formas de pensamento.

Um regime social em decadência serve-se precisamente desse direito, dessas instituições e desses pensamentos já adquiridos, para opor-se com todas as suas forças às inovações que ameaçam sua existência. Isto provoca a luta das novas classes, das classes ascendentes contra as classes dirigentes que ainda se acham no poder e determina o caráter revolucionário da ação e do pensamento que animam estas lutas.

O regime feudal não morreu sem defender-se. E o ataque que sofreu não começou somente com as formas mais desenvolvidas dos novos modos de produção. Estas formas, com efeito, só puderam triunfar quando já tinham se liberado dos inconvenientes, dos entraves que as instituições de tipo feudal necessariamente lhes opunham. Isto é a história das revoluções burguesas.

NOTAS

1. Este texto foi redigido em 1963. Apresentamos este trabalho a título de orientação para investigação.
2. K. Marx. *Le Capital*, livro I, t. III, cap. XXVII.
3. *Idem.* livro I, t. III, seção 8.
4. *Ibid.* livro I, fim do cap. XXVI.
5. *Ibid.* livro I, t. III, cap. XXXI.

Tradução: Theo Santiago

UMA DISCUSSÃO HISTÓRICA:
DO FEUDALISMO AO CAPITALISMO*

GEORGES LEFEBVRE
GIULIANO PROCACCI
ALBERT SOBOUL

Uma controvérsia sobre o problema da transição do feudalismo ao capitalismo foi levada adiante numa série de artigos que apareceram entre 1950 e 1953 na revista americana *Science and society*. Iniciou-se com uma crítica de Paul M. Sweezy (Universidade de Harvard) ao livro de Maurice Dobb (Universidade de Cambridge), *Studies in the development of capitalism*, publicado em 1946.

Dobb responde com uma réplica a Sweezy. H. Kohachiro Takahashi (Universidade Imperial de Tóquio), autor de uma *História da reforma agrária no Japão* (1951), intervém a seguir no debate, provocando novos comentários de Dobb e uma resposta de Sweezy. O debate pareceu encerrar-se com os comentários de Rodney Hilton (Universidade de Birmingham) e os de Christopher Hill (Universidade de Oxford). O conjunto dos artigos de *Science and society* foi reproduzido numa publicação que apareceu em Londres com o título *The transition from feudalism to capitalism*.

Esta controvérsia entre historiadores, todos se autointitulando marxistas, suscitou um grande interesse, como testemunham os artigos publicados no Japão, na *Kyoto University Economic Review* (abril de 1953), na Itália, na revista *Cultura e realitá* (n° 3-4), na Tchecoslováquia, na revista *Ceskoslovensky Casopis Historicky* (1953, I, 3). O professor Takahashi trouxe, com respeito à história do Japão, novas contribuições sobre o problema, nas admiráveis páginas que consagrou na *Revue historique* em 1953 ("La place de la révolution Meiji dans l'histoire agraire du Japon").

La pensée reproduz a seguir a apresentação desta discussão por Giuliano Procacci, publicada em fevereiro de 1955 pela revista *Società*, que nossos amigos italianos amavelmente nos autorizaram a reproduzir.

A revista sente-se orgulhosa em publicar também as observações de Georges Lefebvre, professor honorário da Sorbonne, sobre o conjunto da controvérsia. Albert Soboul traz uma contribuição a este

---

* Lefebvre, G.; Procacci, G.; Soboul, A. "Une discussion historique: du feódalisme au capitalisme", in *La Pensée*, n° 65, jan./fev. 1956, Paris.

debate no que diz respeito à Revolução Francesa. Por tudo que falamos, estas diferentes contribuições não comprometem senão seus autores e não podem representar uma teoria definitiva deste vasto problema; são apresentadas aqui como elementos de uma discussão que se coloca neste momento em numerosos países.

(Introdução da Redação de *La Pensée*)*

APRESENTAÇÃO
G. Procacci

O ponto mais debatido na polêmica entre Dobb e Sweezy diz respeito ao problema da validade das teses de Pirenne sobre o papel do comércio, em suas diferentes formas, no desenvolvimento e declínio da sociedade feudal. As teses do historiador belga são bem conhecidas: o circuito das trocas, desenvolvido sob o Império Romano na bacia do Mediterrâneo, foi interrompido no século VIII, quando do aparecimento no cenário europeu dos conquistadores árabes e do Império Franco (de Maomé e Carlos Magno), os quais quebraram a unidade preexistente. A retomada econômica da Europa no século XI, que determina a retomada daquele comércio internacional, foi essencialmente obra daqueles que realizavam uma extorsão, como Godrich de Finchale: os primeiros, que numa sociedade fracionada em compartimentos estanques, constituindo cada qual uma unidade econômica, estimularam e provocaram um renascimento do tráfico e dos mercado. "No começo," como diz Hauser referindo-se às origens do capitalismo, "era o comércio." É evidente que, dar uma tal prioridade cronológica e causal ao elemento comercial da gênese e no desenvolvimento da sociedade feudal, leva a considerar o comércio, e o tipo particular de capital que sobre ele se constrói, como elemento motor do desenvolvimento de sociedade feudal à qual teria dado vida. Da mesma forma, a evolução da sociedade feudal e sua superação pela sociedade capitalista estariam em relação direta com o destino do comércio e do capital comercial.

Os argumentos críticos apresentados por Sweezy com relação à obra de Dobb encontram-se bastante próximos das teses de Pirenne. Segundo Sweezy, o grande comércio foi uma força criadora, que

---

* N. do T.: Existe tradução em português do livro de M. Dobb (*Studies in the development of capitalism*) pela Zahar Editores, Rio de Janeiro, com o título de *A evolução do capitalismo*; e dos artigos de *The transition from feudalism to capitalism*, editados por Publicações Dom Quixote, Lisboa, com o título de *A transição do feudalismo ao capitalismo*.

engendrou um *sistema* de produção para a troca, coexistindo com o antigo sistema feudal de produção para o consumo. Uma vez justapostos, estes dois sistemas começaram, naturalmente, a se influenciar reciprocamente. O feudalismo da Europa Ocidental foi caracterizado – sempre, segundo Sweezy – pelo fato de ser, malgrado sua instabilidade e sua insegurança crônicas, um sistema dotado de uma forte tendência a manter seus métodos e suas relações de produção. Isto fez com que o fator de dissociação desta estabilidade proviesse de um elemento exterior ao *sistema*. Foi este justamente o papel do comércio: favoreceu o desenvolvimento das cidades e das primeiras indústrias, provocou a fuga dos servos para as cidades, fez com que a longo prazo esta coexistência entre feudalismo e *sistema* de produção para a troca não pudesse continuar; acabaria liquidando com o feudalismo na Europa ocidental. Sweezy não esquece que a produção mercantil do capitalismo é bem diferente daquela que se manifestou durante a época feudal, na medida em que constitui uma forma de produção mercantil mais organizada e mais complexa. Também ele encontra-se diante de uma dificuldade: como caracterizar o período histórico compreendido, mais ou menos, entre os séculos XV e XVI, quando, de um lado, o feudalismo estava morrendo, e, de outro, não conseguimos ainda perceber os elementos e as características do modo de produção capitalista. Sweezy descarta-se desta dificuldade supondo uma fase histórica onde os elementos predominantes não são nem feudais nem capitalistas; propõe que caracterizemos este período como o "da produção comercial pré-capitalista". É neste sentido que critica a opinião de Dobb, segundo a qual este período seria, em substância, ainda feudal.

Do ponto de vista teórico, os vícios lógicos da hipótese de Sweezy são evidentes. Se queremos dar uma interpretação marxista ao problema da transição do feudalismo ao capitalismo, como tenta o economista americano, não podemos fazer abstração do método dialético, sustentáculo principal do marxismo. Ora, afirmar que o feudalismo constituía uma formação histórica inerte, não suscetível a um desenvolvimento interno, mas antes, dependendo de um impulso exterior, é colocar o problema em termos de causalidade e não de interação dialética. Daí termos a réplica de Dobb: afirmar que o feudalismo não possuía em si mesmo fatores de mudança é admitir uma exceção à lei geral do marxismo, segundo a qual a sociedade é colocada em movimento por suas contradições internas. Da mesma forma, com a hipótese de um período intermediário e autônomo entre o feudalismo e o capitalismo (qualquer que seja o rótulo que lhe queiramos dar), voltamos a renunciar a colocar historicamente o processo de formação do novo no interior do antigo: o que Marx denomina "o trabalho de infantilidade", pelo qual uma sociedade nova se desprende do seio da antiga. Semelhantes considerações metodológicas foram desenvolvidas não somente por Dobb, como também por Hilton e por Takahashi. Estes vícios lógicos supõem, entretanto, um vício paralelo, de interpretação histórica. É necessário tomarmos aqui em consideração as objeções que as sucessivas intervenções colocaram às críticas de Sweezy. Dobb, da mesma forma que Hilton, sublinhou que o desenvolvimento e declínio do feudalismo foram produzidos como consequência de elementos agindo sobre ele do interior. Dobb colocou em evidência – como já o havia feito em seus *Studies* – que, em certas regiões periféricas, com relação às grandes vias e aos grandes circuitos de troca, a desintegração das relações sociais típicas do feudalismo (a servidão, por exemplo) produziu-se mais cedo que nas regiões mais diretamente percorridas pelas vias comerciais. Foi o caso das regiões mais afastadas da Inglaterra setentrional: a servidão aí desapareceu mais cedo que nas regiões mais avançadas do Sudeste. Da mesma forma, a "segunda servidão" na Europa ocidental coincidiu com um período de desenvolvimento comercial. Isto não significa – e Dobb sublinha energicamente – que o desenvolvimento do comércio e a produção mercantil não tiveram um papel considerável no processo de desenvolvimento e superação da sociedade feudal. Entretanto, trata-se de um fator subordinado – para retomar uma passagem de Marx, que Dobb cita em seus *Studies* – à "solidez e à articulação interna" do modo de produção.

A contribuição de Hilton à polêmica tem por finalidade descrever esta articulação interna. O autor aí desenvolve algumas considerações dos *Studies* e esforça-se em penetrar no interior da sociedade feudal. A tendência da classe dos exploradores em realizar o lucro máximo sobre o trabalho dos simples produtores, esta é sua lei fundamental; o que leva a uma contradição com as exigências do desenvolvimento social e a contradições entre os próprios exploradores. Dobb e Hilton conseguem nos convencer, quando refutam as teses de Pirenne, retomadas por Sweezy, sobre o papel do comércio como "primeiro motor" (o termo é de Hilton) da sociedade feudal; o mesmo não ocorre com sua reconstrução histórica da dialética interna do feudalismo, que aparece de forma menos clara. Temos a impressão de que o aspecto decisivo e crítico é superestimado com relação ao aspecto construtivo e positivo. Com efeito, a dificuldade de elaboração aqui aparece mais sensível, como consequência de uma insuficiência dos materiais de que dispomos. É até certo ponto inútil observar, como o faz Sweezy, que Dobb admite a dificuldade em provar a tese de um "primeiro motor" *interno* ao modo de produção feudal.

Parece-nos que esta dificuldade e este embaraço aparecem, com uma certa evidência, logo que somos obrigados a considerar a maneira pela qual é abordado o problema central do ponto em discussão, ou seja, o das origens das cidades medievais. Com respeito a isto, nos diz Sweezy, a teoria da causa interna de Dobb sobre a queda do feudalismo poderá ser salvaguardada com a condição de que possamos demonstrar que o nascimento das cidades foi devido a um processo interior ao sistema feudal. Mas não é isso, segundo ele, o que Dobb sustenta: o autor assumiria uma posição eclética sobre a questão das origens das cidades medievais, mas ao mesmo tempo reconheceria que seu ponto de partida foi, em geral, diretamente proporcional a sua importância enquanto centro comercial. Não podendo o comércio, de maneira alguma, ser considerado uma forma de economia feudal, concluímos que Dobb dificilmente pode sustentar que o nascimento da vida urbana foi consequência de fatores internos ao sistema feudal.

O ponto de vista do economista americano sobre a relação de exclusão recíproca entre comércio e feudalismo não pode, sem dúvida, ser admitido de maneira imediata. Entretanto, suas críticas sobre a incerteza com que Dobb aborda o problema das origens das cidades têm certa importância. Com efeito, os *Studies* limitam-se a expor as diversas teorias formuladas sobre a questão e a adotar os elementos mais prováveis de uma e outra. Mas o problema da origem das cidades no interior (ou no exterior) da sociedade feudal não é abordado de maneira orgânica e consciente como mereceria, de maneira que o leitor tem a impressão de tomar conhecimento destas cidades sem nada saber do seu processo de formação.

Em sua réplica a Sweezy, Dobb não deixa de fazer suas críticas sobre este ponto. Contudo, parece-me que sua maneira de se expressar o faz cair na incerteza. Não admite que atribuamos a ele, entre outras, a tese de que o nascimento das cidades foi um processo interior ao sistema feudal. Mas confessa pensar que esta proposição, em certo ponto, é justa: na medida em que o feudalismo esteve longe de ser uma economia puramente natural, encorajaria o estabelecimento das cidades com a finalidade de atingir suas necessidades com relação ao grande comércio. A pouca clareza de Dobb talvez reflita os estudos pouco aprofundados sobre este problema. É evidente que, se o problema da relação cidade-campo, como contexto histórico da relação produção-comércio, não é resolvido de uma maneira orgânica, será difícil refutar a teoria de Pirenne sobre o caráter exterior do comércio, vindo a destruir a sociedade feudal da mesma forma que as teorias conexas sobre o "capitalismo" das cidades medievais.

UMA DISCUSSÃO HISTÓRICA 55

Outras correntes historiográficas de tendência marxista levaram a análise mais adiante. Refiro-me em particular aos trabalhos soviéticos, que de modo preciso consideram a cidade, e a produção mercantil por ela suscitada, como um momento no desenvolvimento histórico do modo de produção feudal. A questão foi tratada recentemente pela revista *Voprosi Istorii*[1]. O autor do artigo, F. Ja. Polianskii, sustenta que "a criação das cidades constitui uma forma de expansão política e econômica do regime feudal"; a produção mercantil serve ao feudalismo, constitui um de seus elementos integrantes e não alguma coisa de exterior e antagônica. Daí as manifestações de pré-capitalismo constituídas pela indústria de algumas cidades medievais, as da Itália e de Flandres em particular, terem, segundo o ponto de vista do autor citado, apenas um caráter "episódico".

Se desejarmos nos dirigir à historiografia anglo-saxônica, encontraremos inúmeras provas de um julgamento histórico orientado neste sentido. Em fevereiro de 1953, um mês após a publicação do citado artigo da *Voprosi Istorii*, apareceu na revista *Past and present*, da qual Dobb, Hill e Hilton são redatores, um artigo de A. B. Hibbert sobre as origens do patriciado nas cidades medievais[2]. Hibbert examina a tese de Pirenne sobre o papel do comércio nas origens e desenvolvimento das cidades medievais. Segundo esta tese, afirma Hibbert, há uma incompatibilidade natural entre um Estado feudal e um Estado que permite o desenvolvimento do comércio e da indústria. A teoria, como os fatos, mostram, ao contrário, que no início da Idade Média o comércio não foi de modo algum um dissolvente da sociedade feudal, mas sim o produto natural desta mesma sociedade, e que mesmo a classe feudal (*feudal rulers*) encorajou até certo ponto seu desenvolvimento. Isto porque o desabrochar da atividade e da produção comercial depende, neste estágio, do desenvolvimento da estrutura agrícola. Trata-se, desta forma, de um fato *interior* ao modo de produção feudal e de uma "necessidade fundamental para todo desenvolvimento urbano". Hibbert demonstra que muitos centros urbanos medievais tiveram uma origem senhorial; cita os exemplos de Gênova, Milão, Lincoln, as cidades polonesas, Bergen, Cambridge, Arrás e mesmo o exemplo de Dinant, que foi estudado por Pirenne. Alega como justificativa, além de algumas monografias sobre as cidades, os estudos recentes de Lestocquoy sobre as cidades de Flandres e da Itália, e a comunicação de Sapori ao Congresso Internacional de História em 1950[3]. São estudos posteriores à publicação dos *Studies*, por isso tanto Dobb quanto Sweezy não puderam lançar mão deles quando de sua polêmica. É importante sublinhar que as pesquisas posteriores confirmaram o que Dobb já havia esboçado, de forma bastante prudente, na sua réplica sobre as origens das cidades medievais.

Entretanto, parece-nos que a posição do historiador inglês ainda é apenas uma hipótese de pesquisa; mas, ao mesmo tempo, é a mais satisfatória sobre o ponto específico da polêmica Dobb-Sweezy – que tem como base o papel do comércio e do capital comercial na sociedade feudal – e, consequentemente, sobre o papel e o caráter das cidades. A discussão entre Sweezy e os marxistas ingleses nos aparece como um duelo com armas bastante desiguais: o primeiro apoia-se em toda uma documentação histórica bastante trabalhada, em toda uma série de estudos; o ponto de vista é sustentado com uma consciência mais profunda do problema, e com um esforço de interpretação que se exerce sobre uma documentação frequentemente heterogênea e inspirada num ponto de vista contrário. Para sair do impasse é necessário dar as mesmas armas aos adversários: ou seja, provocar uma série de pesquisas segundo uma hipótese que desde logo pareça como extremamente fecunda e esclarecedora. Estaríamos aí no terreno de uma *entente* entre todos os participantes da discussão.

Hilton insiste nesta necessidade com uma particular lucidez, num artigo de *Past and present*, de fevereiro de 1952[4]. Este autor constata que Pirenne, seja em seus estudos sobre o desenvolvimento das cidades medievais, seja em suas obras mais gerais, exerceu uma influência considerável no ensino e na pesquisa da história econômica medieval, com sua interpretação do papel-chave que teve o comércio internacional no desenvolvimento e na transformação da sociedade feudal. É de sua obra que derivam numerosas afirmações correntes sobre o capitalismo medieval; suas conclusões foram reafirmadas por uma série de estudos posteriores. Contudo, tal orientação, provocada pela forte personalidade de Pirenne, é insuficiente, segundo Hilton, se temos em mente as novas hipóteses sobre o papel do comércio e do capital comercial. Daí a necessidade de orientar a pesquisa histórica em direção a outros setores. Hilton assinala em particular a história agrícola, a história das técnicas, o problema da ligação das estruturas econômicas e das superestruturas político-jurídicas.

Sobre o segundo ponto principal levantado por Sweezy (devemos destinar os séculos XV e XVI ao capitalismo, ao feudalismo, ou ao "período mercantil pré-capitalista" de Sweezy?), penso ter sido mais substancial a réplica de Dobb e dos marxistas ingleses, na medida em que, neste setor, eles dispõem de uma rica experiência de pesquisas e discussões. Em 1940, por ocasião do terceiro centenário da Revolução Inglesa, a publicação do conhecido estudo de Hill[5] deu margem a numerosas discussões que foram retomadas mais tarde em 1946-47 quando da reimpressão desta obra. As polêmicas de

1940-41 aparecem na revista *Labour Monthly* e dentre as numerosas intervenções destaca-se a de Dobb[6]. A questão debatida era precisamente a do caráter da Revolução Inglesa. Constituir-se-ia numa revolução burguesa visando estabelecer definitivamente um modo de produção capitalista, do qual já existiam as premissas amadurecidas no decorrer do século XVI e anteriormente? Ou tratar-se-ia de uma ação da burguesia *já* no poder a fim de impedir uma reação feudal-aristocrática? A maioria dos participantes tenderam para a primeira solução, a qual fora sustentada por Hill em seu ensaio.

A intervenção de Dobb teve uma importância particular, no sentido de ter dado à discussão um caráter mais concreto, rejeitando toda e qualquer hipótese dogmática e abstrata. Dobb dirige nossa atenção para o fato de que seria decisivo estabelecer qual o modo de produção que prevalecia à época da Revolução. A expressão "capitalismo mercantil" empregada por um dos participantes, dando uma atenção particular ao elemento *comércio* e negligenciando o elemento *produção*, certamente não é adequada para caracterizar um modo de produção. Dobb inclina-se a reconhecer o caráter feudal da Inglaterra dos Tudor e dos Stuart, constatando que, no interior de tal sociedade feudal, os elementos que mais tarde iriam caracterizar a sociedade capitalista-burguesa já estavam numa avançada fase de maturação. Dobb acentua esta interpretação em seus *Studies*, realçando o papel conservador das classes mercantis nas diversas fases da Revolução. Podemos compreender como a experiência desta discussão e o trabalho de pesquisa que ela supõe permitem aos historiadores marxistas ingleses replicar mais comodamente às críticas de Sweezy.

Dobb declara-se de acordo com Sweezy quando este considera a sociedade europeia entre o século XIV e o fim do século XVI como uma formação histórica complexa de transição, no sentido em que as velhas formas econômicas encontravam-se em vias de desintegração, enquanto as novas afirmavam-se. Entretanto, tal situação instável não representa uma fase separada, não constitui um modo de produção *sui generis*. Significa somente que o novo rompe do interior do velho conjunto. Um modo de produção implica relações de produção; estas, por sua vez, pressupõem classes sociais com posições sociais diferentes: servos e feudais; trabalhadores "livres" e capitalistas. Ora, quais são as relações de produção e de classe que correspondem a este modo particular de produção imaginado por Sweezy (produção mercantil pré-capitalista)? É sobre este ponto que Dobb, como Hill, pretendeu chamar a atenção do cientista americano. Se a burguesia comercial, afirma Dobb, constituía a classe dominante, o Estado deveria ser uma espécie de Estado burguês. E se o Estado já era burguês, não somente no século XVI mas também no início do século XV, qual foi então a característica essencial da

Guerra Civil do século XVII? Uma vez repelida a hipótese, que não resiste à prova dos fatos, de que a Revolução Inglesa tenha sido um movimento burguês repressivo quando de uma contrarrevolução feudal, resta apenas admitir que a classe dominante ainda era feudal, e que o Estado ainda era o instrumento político de seu poder.

A hipótese sugerida em seguida por Sweezy não é mais válida: na Inglaterra dos séculos XVI e XVII estabeleceu-se um certo equilíbrio de classes antagônicas, de forma que "diversas" classes partilhavam e disputavam entre si o poder. Hill demonstrou que tal hipótese, além de ser teoricamente contestável, não concorda com os fatos no que diz respeito ao século XVII. Em suma, os historiadores ingleses inclinam-se a deslocar o termo feudalismo *ad quem*, entendido como modo de produção, até o umbral das revoluções burguesas, ou seja, para a Inglaterra até o século XVII, para os países da Europa continental até uma data ainda mais recente. Este critério de periodização também é geralmente aceito pela historiografia soviética[7].

Sem dúvida este critério de periodização corre o risco de parecer um pouco surpreendente, se o entendemos de uma maneira exclusiva e abstrata. Se até certa data, o modo de produção *predominante* num determinado país foi o modo feudal, isto não quer dizer que tal *predominância* exclui a presença, no seio do velho modo de produção, de "germes" ou de "formas" capitalistas. Sobre esta questão os historiadores ingleses encontram-se fechados em sua discussão com Sweezy. Takahashi pronuncia-se igualmente neste sentido. Os séculos XV e XVI (e os seguintes, se examinarmos outros países que não a Inglaterra) não constituem então uma fase separada, um "tempo" intermediário e distinto entre feudalismo e capitalismo, mas sim um período histórico caracterizado por formas capitalistas (como, por exemplo, as primeiras manufaturas) aflorando e rompendo do seio do modo de produção feudal ainda persistente.

O problema das origens capitalistas no interior da sociedade feudal apresenta sem dúvida diversos aspectos. Os estudos que tomamos em consideração apontam:

– o problema da racionalização da economia agrícola (os *enclosures* ingleses);

– o problema da formação, seguido das diferenciações sociais que surgem entre os camponeses de um primeiro mercado de trabalho; sendo este mercado constituído pela parte da população agrícola que fora a vítima deste processo de diferenciação (lembremo-nos da *Poor Law* da Inglaterra de Isabel);

– o problema das transformações das relações entre cidade e campo.

UMA DISCUSSÃO HISTÓRICA

Mas o problema central é evidentemente o das origens das primeiras manufaturas capitalistas, pelas quais se estabelece, pela primeira vez, um novo tipo de relações de produção entre o capitalista-empreendedor e os trabalhadores "livres" que ele arregimenta. A manufatura desenvolve-se sobre a base da organização corporativa preexistente, da indústria medieval? É uma nova criação? Seus promotores vêm das classes mercantis ligadas à sociedade feudal ou das novas e diversas classes sociais? Tais são os temas principais do problema. A polêmica está polarizada sobre a interpretação, em termos de análise histórica, de uma passagem bastante conhecida do terceiro volume d'*O Capital*, que para uma maior clareza é conveniente que seja aqui reproduzida:

> A passagem do modo de produção feudal ao modo de produção capitalista é concluída de duas maneiras. O produtor torna-se comerciante e capitalista; opõe-se à economia natural e agrícola e ao trabalho manual organizado em corporações da indústria urbana medieval. Esta é a via realmente revolucionária. Ou o comerciante apodera-se diretamente da produção. Este último processo, ainda que represente historicamente uma fase de transição – o *clothier* inglês do século XVII, por exemplo, controla os tecelões, que, contudo, são independentes, vendendo a eles a lã e comprando-lhes o pano –, não leva em si à revolução do antigo modo de produção, mas, ao contrário, o mantém e o salvaguarda como sua própria condição[8].

É através destas "duas vias" que são estabelecidas as relações de produção capitalistas. Dobb em seus *Studies* procurou caracterizar historicamente estas duas fases. No que diz respeito à via 1 (de produtor a capitalista), ele a caracterizou pela formação (nos séculos XVI e XVII) de unidades de produção, sejam agrícolas ou industriais, fundadas no sistema de trabalho assalariado. Tais empresas têm geralmente um caráter um pouco limitado e são obras dos novos homens que saem diretamente das fileiras dos produtores (camponeses isolados, artesãos). São eles que constituem a parcela mais avançada da burguesia, as classes mais interessadas na destruição do modo de produção feudal: o *New Model Army* de Cromwell era recrutado em grande parte entre eles. Quanto à via 2 (de mercadores a capitalistas), ele caracterizou o processo histórico pelo qual os mercadores e as classes mercantis, que se desenvolveram no seio da sociedade feudal, controlavam e dirigiam o processo de produção industrial nas formas existentes.

Desta maneira, enquanto no primeiro caso a relação é estabelecida entre empreendedor e trabalhador "livre", no segundo, um produtor ainda não separado de seus instrumentos de produção encontra-se frente ao mercador-capitalista. No primeiro caso, o produtor-capitalista, produzindo para o mercado e tendo interesse em ampliá-lo e baixar os custos de produção, desliga-se da sujeição com relação ao capital comercial; procura, da mesma forma, subordinar este capital comercial ao capital industrial. No segundo caso, o mercador-capitalista produz dentro dos limites de seu horizonte comercial, ou seja, subordina sua atividade produtora a seu interesse mercantil; o capital comercial continua desta forma a dominar o capital industrial. No primeiro caso, o lucro do capitalista já é um lucro capitalista realizado sobre o sobretrabalho dos trabalhadores "livres". No segundo, é ainda, em grande parte, este tipo de particular de lucro que é "o lucro da alienação" (Marx), típico do capital comercial na sociedade feudal e que consiste na diferença, determinada por condições particulares de mercado, entre preço de compra e preço de venda. Daí porque, no primeiro caso, o capitalista tem todo interesse em que as diversas barreiras e privilégios corporativos da sociedade feudal sejam destruídos, e que o mercado ganhe intensidade e seja ampliado. No segundo caso, pelo contrário, o comerciante capitalista tem interesse na conservação do *status quo* social, sobre o qual encontra-se fundado seu lucro de alienação.

Esta é a interpretação que Dobb deu à passagem que citamos d'*O Capital*. As manufaturas de John Winchomb em Newbury e de Thomas Blanke em Bristol são exemplos da via 1 no que diz respeito à indústria têxtil; as empresas deste tipo são mais numerosas no setor da indústria mineira, da produção de sal. A este tipo devemos acrescentar também a indústria dita, "doméstica". As *manufaturas reais* da época de Colbert são exemplos da via 2 (para citar um exemplo não inglês e mais familiar). Takahashi sustentou, por intermédio de exemplos semelhantes, a tese de Dobb, fundada quase que exclusivamente numa documentação inglesa. Este autor cita, como apoio, os estudos de Georges Lefebvre, Larousse e Tarlé; eles demonstram que a produção industrial do futuro não era a produção das manufaturas colbertistas privilegiadas, mas sim a das empresas menores, com um caráter mais nitidamente capitalista, não a "indústria das cidades", mas os "pequenos produtores rurais".

A esta interpretação da passagem d'*O Capital*, Sweezy opõe uma outra. Para ele, o que Marx combate é a ideia de que o nascimento e o desenvolvimento completo das empresas capitalistas serão produzidos em relação ao lento desenvolvimento do sistema de *putting-out*. Em outras palavras, a via 2 valeria justamente tanto quanto o sistema de *putting-out* (*Verlagsystem* alemão), no qual o empreendedor-mercador comissiona aos artesãos independentes as diversas fases da elaboração do produto. A via 1, mais rápida e, como tal, mais revolucionária, faria abstração de tal fase intermediária e passaria imediatamente a um sistema mais racional de produção, tal como se praticava – é ainda o que indica Takahashi –

nas *manufaturas reunidas* de Colbert. Mas Sweezy, supondo-se que esta interpretação seja possível, não parece admitir que estas duas vias distintas possam corresponder a duas classes sociais distintas (produtores de um lado, mercadores de outro). Pelo que nos parece, Sweezy pensa que se trata dos mesmos homens e das mesmas classes. Em outras palavras, enquanto para Dobb a diferença entre a via 1 e a via 2 consiste essencialmente no fato delas serem o produto de forças sociais que têm interesses diferentes e uma política diferente, para Sweezy a diferença consiste simplesmente na organização diversa do processo de produção (*putting-out* ou *manufatura reunida*). Sweezy chega a esta conclusão ao julgar, de uma maneira oposta à de Dobb, o papel das pequenas empresas, dos "pequenos produtores rurais", dos *small men*, nas origens da indústria capitalista. O precedente direto da fábrica capitalista não deve ser procurado entre estes pequenos produtores capitalistas, mas sim nas empresas industriais mais consistentes, tais como as manufaturas colbertistas.

Uma contribuição notável para o esclarecimento desta questão bastante complexa nos é dada por Takahashi. Intervindo na polêmica Dobb-Sweezy, dirige-se particularmente ao estudo das "duas vias". Takahashi demonstra como a passagem do terceiro livro d'*O Capital*, tomada em seu contexto, não se limita apenas a indicar a existência das duas vias, mas sim a marcar a oposição. A via 1 subordina o capital comercial ao capital industrial, o mercado à produção; a via 2, pelo contrário, traz consigo a dependência persistente da produção com relação ao comércio, da indústria com relação ao ganho comercial. A via 1 leva necessariamente à ruptura definitiva das relações de produção feudais. De maneira contrária, a via 2 é levada a fazer concessões a essas relações, na medida em que, retomando as palavras de Marx: *ela não leva em si à revolução do antigo modo de produção, mas, ao contrário, o mantém e o salvaguarda como sua própria condição.*

Trata-se desta forma, diz o historiador japonês, de caracterizar historicamente duas fases distintas das origens do capitalismo. E, na medida em que são fases históricas distintas e opostas, as duas vias não são (como Sweezy parece acreditar) duas soluções diferentes para o mesmo problema, que possam satisfazer aos mesmos interesses: correspondem a problemas diversos, a interesses diferentes, a classes sociais diferentes. A *manufatura reunida* é uma criação da *alta burguesia*, ligada e integrada na organização feudal; como tal, desaparecerá com o fim desta organização, com a Revolução Francesa, da mesma forma que a *chartered manufacture* da época dos Stuart opõe-se ao movimento de Cromwell, que, ao contrário, é sustentado pelos pequenos produtores capitalistas da cidade e do ponto de vista, a oposição entre os dois modos de produção, aos quais são ligados, reflete-se, de acordo com o historiador japonês, até na luta política dos partidos: independentes e realistas na Revolução Inglesa, jacobinos e girondinos na Revolução Francesa. Takahashi, com sua grande capacidade de historiador, vê, no fato de uma ou outra via haver prevalecido em tal ou qual país, um dos traços característicos da estrutura social destes mesmos países à época de formação do capitalismo. Desta forma, a via 1 prevalece na França e na Inglaterra, permitindo explicar numerosas diferenças na estrutura social destes países com relação a países tais como a Alemanha e o Japão, onde, ao contrário, prevalece a via 2.

Ao nível de uma análise histórica específica, o estudo de Takahashi traz um aprofundamento e esclarecimentos notáveis ao problema, mesmo com relação aos *Studies* de Dobb. Ele considera, em particular, um erro o fato de Dobb ter atribuído o *putting-out* à via 1 e não à via 2. Este sistema geralmente é obra de mercadores que, fornecendo a cada produtor a matéria-prima e assegurando a venda do produto fabricado, controlam a produção somente do exterior e com a finalidade de assegurar sua dominação enquanto mercadores-capitalistas: por isso, mantêm sem modificar as condições tradicionais da produção. Devemos entretanto não assimilar a este processo, o caso do *putting-out* (como Dobb parece ter feito), com o da indústria doméstica (*Domestic Industry*), constituída de pequenos e médios produtores independentes.

É interessante notarmos que as discussões relativas à polêmica Dobb-Sweezy, mesmo no que diz respeito ao problema das origens da manufatura, têm a ver com as discussões que tiveram lugar na União Soviética a respeito de um tema análogo. Entre 1948 e 1950, a revista *Voprosi Istorii* publicou numerosos artigos sobre o caráter da manufatura russa na época de Pedro, o Grande. O artigo mais recente, de Borissov[9], desenvolve temas e argumentos análogos aos de Takahashi. Borissov, criticando os artigos e monografias anteriores, nega o caráter capitalista da manufatura russa na época de Pedro, o Grande. Ela poderia abrigar "germes" capitalistas, mas não constituía uma "formação" capitalista (*Kapitalistitcheskii uklad*, segundo o termo empregado por Lênin em seu *Desenvolvimento do capitalismo na Rússia*). Borissov distingue manufatura "comercial" (*kaufmannisch*) e manufatura "capitalista"; e, da mesma forma que o historiador japonês, dá uma grande importância à relação entre capital comercial e capital industrial, entre produção e mercado, a fim de caracterizar historicamente a manufatura.

Desta forma, passamos em revista os principais escritos e os sujeitos mais importantes ligados à polêmica sobre a transição do feudalismo ao capitalismo. Como o leitor pode notar, trata-se de uma soma bastante variada de discussões e argumentos. Com relação ao problema geral, colocam-se questões particulares e circunscritas: o papel do comércio no desenvolvimento e superação do modo de produção feudal, o caráter da Revolução Inglesa, as "duas vias" e as origens da manufatura capitalista. Neste sentido, a polêmica Dobb-Sweezy coloca-nos em dia com os problemas e pesquisas sobre a questão. A polêmica não se limita apenas (e nisto está sua importância) a fazer registros à luz de uma nova perspectiva histórica, ela esforça-se em construir.

Concordamos que os problemas da história da Itália são diferentes dos da história da Inglaterra ou mesmo da França. Mas pensamos que muitos elementos da discussão sobre a transição do feudalismo ao capitalismo possam servir para decifrar certos setores de pesquisa e para abordar o estudo e a solução de certos problemas de nossa história nacional. É evidente, por exemplo, que o aprofundamento, em termos italianos, da questão relativa ao papel do capital comercial no desenvolvimento e declínio da sociedade medieval italiana aparece-nos como particularmente carregado de interesse histórico. Podemos dizer o mesmo quanto ao problema das origens da indústria e da manufatura, do problema da indústria à domicílio. Quem está familiarizado com a temática dos *Cadernos* de Gramsci sabe que aí são levantadas as questões que ensaiamos expor: que pensamos, por exemplo, em suas observações sobre o caráter econômico-corporativo da Comuna italiana e no problema da evolução histórica da relação cidade-campo.

NOTAS

1. F. Ja. Polianskii, "O tovamnom proisvodstve u usloviakh feodalism", in *Voprosi Istorii,* 1953, n° 1, p. 52.
2. A. B. Hibbert, "The origins of the medieval town patriciate", in *Past and present,* fev. 1953, p. 16.
3. O livro de Lestocquoy (*Aux origines de la bourgeoisie: les villes de Flandres et d'Italie sous le gouvernement des patriciens*) foi publicado em Paris, / PUF / em 1952.
4. R. H. Hilton, "Capitalism, what's in a name?", in *Past and present,* fev. 1952.
5. C. Hill. *The English Revolution 1640. Three essays,* Londres, 1940, 2ª ed. O volume compreende três ensaios; o primeiro, de Hill, concerne à revolução em geral; o segundo, de James, é sobre a interpretação materialista da sociedade revolucionária pelos contemporâneos; o terceiro, de E. Rickword, sobre Milton.
6. Ver a resenha de P. F. do ensaio de Hill em *Labour monthly,* outubro de 1940, p. 558; a réplica de D. Garman e a contrarréplica de P. F., dezembro

de 1940, p. 651; as intervenções de D. Torr e M. *Dobb, Ibid.*, fevereiro de 1941, p. 8. Um resumo bastante claro das discussões encontra-se no artigo "State and Revolution in Tudor and Stuart England", in *Communist review,* julho de 1948, p. 207.

7. Ver o volume *Zur Periodisierung des Feudalismus und Kapitalismus in der geschichtlichen Entwicklung der UdSSR*, Berlin, Verlag Kultur und Fortschritt, 1952.
8. K. Marx, *Le capital,* livro III, cap. XX, "Renseignements historiques sur le capital commercial", Éd. Costes, 1947, p. 117.
9. A. Borissov, "Ueber die Enstehung der Formen der kapitalistischen Ordnung in der Industrie", in *Zur Periodisierung...* , *op. cit.*, p. 157.

OBSERVAÇÕES
G. Lefebvre

Tive grande interesse pelo livro de M. Dobb, pela controvérsia que esta publicação provocou entre este autor e P. Sweezy e pelas observações apresentadas por H. K. Takahashi, R. Hilton e Ch. Hill. Não é de meu conhecimento que na França este debate tenha despertado até agora grande atenção: conheço apenas a resenha da obra de Dobb feita por J. Néré na *Revue Historique* de janeiro-março de 1950.

Não sou de maneira alguma um medievalista, e o que sei de história rural da Idade Média diz respeito principalmente à França, enquanto que Dobb e Sweezy referem-se sobretudo à Inglaterra. Desta forma, não poderia tomar uma posição mais aprofundada; entretanto, como Dobb e Sweezy parecem ter falado enquanto economistas e sociólogos, minhas reflexões apresentarão, talvez, o interesse das reações de um historiador.

Em primeiro lugar, não se encontra em causa, na discussão, a organização da produção dominante, o regime feudal, e a palavra *feudalismo* não é conveniente, na medida em que o próprio da feudalidade reside na hierarquia do suserano e dos vassalos, tanto como na distribuição dos *feudos* pelo primeiro ao segundo. Mais ainda, não poderemos empregar a expressão *regime senhorial,* porque a autoridade do senhor sobre os camponeses de seu domínio resulta de um desmembramento do poder público, que faz passar os direitos de regalia do soberano aos senhores. A expressão justa seria *regime dominial,* o qual tem suas raízes na mais longínqua história, e não pertence propriamente aos últimos séculos da Idade Média.

Em segundo lugar, identificar o regime dominial à servidão, exigiria de imediato que definíssemos este último. Para Marc Bloch, a relação do servo com seu senhor resultou primitivamente de uma dependência pessoal, atestada pela renda particular que denominamos na França de *chevage*. Posteriormente, somente o servo viu-se ligado ao solo, *adstrictus ad glebam*; mas esta concepção não implica uma adesão universal, e para seu uso se faz necessário estipular com cuidado de qual país estamos falando. Em outras palavras, não podemos dizer que a estrutura social dos rurais, na época considerada, remeta-nos exclusivamente à servidão; sempre subsistiram rendeiros mais ou menos livres, vilões livres e mesmo trabalhadores alodiais.

Em terceiro lugar, já que a tese fundamental de Dobb atribuiu a transformação econômica e social a uma contradição interna do regime dominial, parece-me importante assinalar que aí o autor não nos acrescenta nada. Quando a produção repousa na exploração de uma mão de obra subjugada pela violência, a dificuldade que se apresenta para o senhor é a de fiscalizar o trabalho para assegurar sua eficácia; o grupamento de escravos ou trabalhadores em corveias, sob controle de um fiscal, nunca tem um rendimento que possa ser considerado bom; por outra parte, quem fiscalizará os fiscais? Recordo-me que, quando estudante, os mestres que ignoravam Hegel e Marx assinalavam esta dificuldade como uma das origens do colonato, e o demonstravam, se a memória não me falha, com uma carta de Plínio, o Jovem, onde este explicava que, em lugar de explorar diretamente o domínio por seus escravos, pensava que seria mais prático arrendar terras sob o regime de corveias. Desde os tempos carolíngios, os servos já fixados na terra não eram raros: o *Polípticos de Irminion* nos fala de rendeiros, dos quais pelo menos uma parte deveria ser de condição servil.

Penso, enfim, que devemos nos lembrar da multiplicidade dos fatores da história. Marx demonstrou a importância dominante da economia, e mais exatamente do modo de produção. Apegado a esta demonstração de tipo novo, extraordinária em seu tempo, não estendeu suas pesquisas aos demais fatores. Mas nunca foi sua intenção excluir sua influência; e na medida em que a história é o fato do homem, ele acharia graça se o acusássemos de não ter levado em conta a natureza humana. Assim, se a economia é o fator dominante, é por ser antes de tudo o que permite ao homem sustentar-se: produz-se porque se tem fome. Sem multiplicar os exemplos, contento-me em fazer observar, como o próprio Dobb, que o fator demográfico é bastante importante. Se o senhor aumenta suas exigências, como Dobb presume, isto deve-se em parte ao fato de que sua progenitura multiplica as partes que recebem a renda; se os camponeses fugiram, isto ocorreu em parte porque eles se tornaram muito numerosos em relação a suas parcelas de terra. Deste ponto de vista, a posição de

Sweezy parece-me mais aceitável que a de Dobb, que, sem negar o papel do renascimento dos negócios, não se inclina a reconhecê-lo. Se o senhor se tornava mais exigente, deve-se em parte ao fato de que o tráfico lhe oferecia os meios para aprimorar seu modo de vida; e o camponês fugiu porque o desenvolvimento das cidades o havia tentado, abrindo aos refugiados novas perspectivas de ganho.

Penso ser necessário dizer também algumas palavras sobre as "duas vias". O comerciante torna-se industrial pela criação da manufatura, seja no sentido estrito do termo (o que chamamos de usina), seja no sentido mais amplo, quer dizer, com a ajuda do que os anglo-saxões denominam *putting-out system*. Mas a produção continua subordinada ao comércio e neste caso não é modificada. Esta é a via 2. De forma contrária, se um artesão, deixando de produzir para o consumidor local, coloca-se em relação direta com o mercado nacional ou internacional, o produtor torna-se também negociante: é a via 1 – revolucionária, na medida em que o comércio encontra-se subordinado à produção.

Trata-se de uma revolução que eu denominaria de bom grado tecnológica, e presumo que seria desta maneira que Marx pensava. Mas, se o capitalismo define-se pela busca do *lucro* extraído sobre o produto do trabalho assalariado, os fatos parecem-me de outra forma complexos: a via 2 pode levar ao capitalismo tanto quanto a via 1, e penso que Marx se tenha dado conta disto.

Um artesão, enquadrando-se na via 1, não se limita apenas a subordinar o comércio à produção; para abastecer o mercado, em sentido amplo, ele deve arregimentar uma mão de obra assalariada sobre a qual realiza um lucro, o que o torna capitalista.

Mas, se um negociante funda uma manufatura, procede da mesma forma; torna-se também um capitalista. Dir-se-á talvez que se trata de outra forma, que essa manufatura define-se pelo *putting-out*, porque o artesão a domicílio continua um produtor independente, de maneira que o negociante trata diretamente com ele, como um consumidor, e não realiza um lucro senão pela revenda. Esta tese seria defensável se o artesão continuasse paralelamente a abastecer o mercado local e se se encontrasse livre, até certo ponto, para escolher seus clientes, o que lhe permitiria não ter de submeter-se à vontade do negociante. Mas é evidente que, cedo ou tarde, o *putting-out system* exclui esta hipótese, porque as encomendas do negociante, por sua ampliação e regularidade relativas, terminam por abarcar a atividade do artesão. Mais ainda: o negociante, oferecendo o emprego e a matéria-prima, não se limita a subordinar o artesanato existente; cria artesãos na massa rural, a qual encontra-se num estado de desemprego endêmico, e portanto a seu dispor. Neste caso, como no outro, o comerciante torna-se um capitalista, tal como o define Marx, e aí encontramos porque a luta de classes aparece na Itália e em Flandres nos séculos XIV e XV.

Essas observações não representam críticas à tese de Dobb que opõe o negociante ao produtor tornado capitalista, e este conflito como uma das características da primeira revolução na Inglaterra. O negócio e o Estado prestam-se serviços mutuamente; o negociante como financista e fornecedor dos serviços públicos, sobretudo do exército, e o segundo pelos privilégios, bonificações e monopólios que lhe permite; por outra parte, o soberano favorece o comércio e a manufatura no interesse do fiscalismo e para preservar o estoque monetário do país: o mercantilismo e a exploração colonial, enquanto sistemas, fazem o jogo do negociante. Este, por sua vez, não pensa em subverter a estrutura política e social; é de se prever que tomaria partido ao lado do poder real, caso este se encontrasse ameaçado. Por outro lado, esta simbiose irritava os produtores, os quais, com o surgimento do capitalismo, não tinham as mesmas vantagens que o negociante privilegiado e permaneciam reduzidos à sua própria sorte.

Entretanto, desde o momento em que buscamos as origens do capitalismo, não devemos esquecer que a colisão dos negócios e do Estado favorece sua germinação, mesmo se levarmos em conta a superestimação deste ponto por Sombart. A manufatura não se implantaria isoladamente sem a proteção do Estado contra a concorrência dos países mais avançados. As encomendas que lhe foram feitas aumentaram seus lucros e exerceram uma influência técnica cujas consequências ninguém poderia prever. Quando seu interesse era dirigido ao luxo da corte, tinha menos importância que os fornecimentos aos serviços públicos, especialmente às forças armadas, na medida em que isto implicava uma produção em massa: o artesanato não se adaptava a esta forma de produção; aí não poderíamos encontrar a quantidade, a regularidade, a rapidez na execução, nem sobretudo a uniformidade, essencial para o armamento. Somente o negociante que fundava uma manufatura propriamente dita, ou organizava o *putting-out*, poderia chegar a satisfazer realmente ao Estado, concentrando a empresa e regularizando a fabricação. Desta forma, ele participava da função histórica do capitalismo: instituir a produção em massa e mecanizar o trabalho, graças à concentração da empresa.

Nestas condições, parece-me que os fatos poderiam ser apresentados da seguinte forma: o negociante cria a manufatura e seus interesses entram em acordo com os do Estado, e também com os dos grandes proprietários fundiários que tentam reorganizar a distribuição das terras, eliminando os rendeiros, para transformar a agricultura. Seguindo seu exemplo, os camponeses, que tiveram a possibilidade de fazer economias, e os artesãos, que tomaram parte na acumulação primitiva do capital, tentam estabelecer uma exploração agrícola de tipo novo ou uma manufatura. Como o Estado não dirige sua atenção para eles, alegram-se quando com ele podem negociar, ou quando negociam com os aristocratas, sonhando tomar parte no governo, a fim de suprimir os privilégios e monopólios, para eventualmente obter as encomendas do Estado. Daí ser evidente que, quando da primeira revolução na Inglaterra, se pronunciassem pelo Parlamento. Um dos traços da Revolução de 1789 na França encontra-se na mesma origem. Acrescento que, entretanto, o recurso ao Estado, que condenavam juntamente com os negociantes, não lhes seria indiferente - os partidários da livre-empresa, encontrando-se no poder, o utilizaram tão eficazmente quanto o negociante privilegiado.

Terminarei com algumas palavras a propósito da metodologia. A tarefa original do economista e do sociólogo (Dobb e Sweezy, como já disse, aparecem-me como tais) consiste na pesquisa sobre a economia e a sociedade existentes; após o que, chegam às noções gerais. Mas é natural que o método comparativo os leve a estender suas investigações às economias e às sociedades do passado. Daí, necessitam tornar-se historiadores.

Chegados a este último estágio, Dobb e Sweezy sustentaram suas hipóteses, não por meio de pesquisas eruditas, mas tomando aos historiadores os resultados já adquiridos. Nenhuma objeção: os historiadores, nestas ocasiões, recorrem igualmente a este expediente. Somente que eles não se contentam apenas com isso. Após a construção da hipótese, a inteligência deve procurar novamente o mundo exterior para verificar se suas respostas justificam ou não a hipótese.

É a este momento que o debate suscitado pela publicação de Dobb parece-me ter chegado. Penso ser inútil e mesmo perigoso continuá-lo no abstrato. E como conformar-se ao preceito do racionalismo experimental senão recorrendo à erudição e às suas regras? O historiador lança mão então de um plano de pesquisas; prepara um questionário acompanhado da indicação das fontes, cuja exploração conduzirá o trabalho. Dobb e Sweezy prestaram o serviço de formular os problemas; agora, ao trabalho historiadores!

CONTRIBUIÇÃO A PROPÓSITO DA REVOLUÇÃO FRANCESA
A. Soboul

À luz da controvérsia sobre "A transição do feudalismo ao capitalismo" levada adiante na revista *Science and society*, aproveitando particularmente as preciosas considerações de H. K. Takahashi, mas também levando em conta as sugestões de Georges Lefebvre (de que não devemos nos contentar com um debate teórico, e que nossa tarefa, enquanto historiadores, é a de estudar os casos concretos), gostaria de sublinhar certos aspectos da Revolução Francesa: particularmente a condição social dos *sans-culottes*, sua posição face ao conjunto do capital comercial e seu papel no movimento revolucionário. Esta discussão me permitiria retomar a certos problemas e matizar as afirmações traçadas[1].

A Revolução Francesa constitui uma revolução burguesa clássica: a luta de classes coloca em combate essencialmente a burguesia capitalista e a aristocracia feudal. Mas, qual é o elemento social do antigo Terceiro Estado que, nessa luta, constituiu o fator decisivo na destruição das antigas relações sociais de produção? Grande burguesia capitalista ou pequenos e médios produtores, comerciantes e camponeses independentes?

Na sociedade do Antigo Regime, a burguesia detentora do capital comercial estava, em grande parte, ligada ao poder do Estado monárquico e à aristocracia feudal: financistas, grandes negociantes, fabricantes-empreendedores estavam integrados – no que diz respeito às relações de produção – no sistema social e político da relação feudal. Isso, quer pensemos nos arrendatários, nos fornecedores dos exércitos, nos principais portadores de ações das companhias financistas privilegiadas, ou quer pensemos nos laços entre a manufatura rural dispersa – sob controle dos negociantes e dos fabricantes – e a organização feudal da produção agrícola.

Este grupo social da alta burguesia ligada ao capital comercial toma, bastante depressa, uma posição contrarrevolucionária. Ela é expressa desde 1789 na tentativa dos monarquistas. Mournier, que era então o principal artesão, escreveria mais tarde que seu desejo era "seguir as lições da experiência, se opor às inovações temerárias e propor para as formas de governo então existentes apenas as modificações necessárias para a manutenção da liberdade"[2]: ou seja, manter as relações de produção existentes e o Estado monárquico que as garantia. Os monarquistas foram substituídos pelos fuldenses (1791), e depois pelos girondinos (1792-1793).

Com relação aos girondinos, tomaremos um exemplo para ilustrar sua posição em relação ao capital comercial e esclarecer sua atitude política. Isnard, filho de um negociante de Grasse, foi eleito deputado por Var à Convenção. Tomando posição junto aos girondinos, tornou-se célebre por sua repreensão a Paris de 25 de maio de 1793 ("Bem cedo procuraremos sobre as margens do Sena..."). Decretada sua prisão em 3 de outubro de 1793, preso em 19 ventoso do ano II (9 de março de 1794), retornou à Convenção em 8 ventoso do ano III (26 de fevereiro de 1795). Em 30 germinal (19 de abril de 1795), apresentou um memorando solicitando a indenização das perdas sofridas durante sua proscrição[3]. Este documento nos mostra a fortuna do girondino Isnard e suas atividades econômicas.

> Encontrava-me, *escreve Isnard*, à frente de uma casa de comércio, passada de pai para filho, organizada e autorizada por meio século de trabalhos assíduos, apoiada sobre um grande crédito e uma correspondência extensa.

Esta casa era especializada no comércio de azeite por atacado, "para o envio do qual eram fornecidos anualmente quatro a cinco toneladas". A este comércio de azeite achava-se ligada uma manufatura de sabão:

> Esta casa de comércio manufaturava e expedia cada ano cerca de 3.300 caixas de sabão, cada uma com 225 libras, o que perfazia um total de 7.400 quintais, aos quais acrescente-se sabões brancos que eram expedidos sob a forma de pão e sem caixa, ou eram vendidos nas localidades em torno de 1.600 quintais, totalizando 9.000 quintais anuais.

Mais além, Isnard observa que

> estes dois ramos (sabão e azeite), que eram os principais de meu comércio, entretanto não eram os únicos; eu me dedicava, entre outras atividades, à importação de grãos, beneficiamento de seda, compra de vinho e outros afazeres.

Acrescentemos, finalmente, duas casas em Draguignan, que Isnard calcula por volta de 1.300 libras em dinheiro, "embarcações" sobre as quais não nos dá nenhuma precisão. Isnard reclama e obtém pelas perdas sofridas, 152.047 libras.

Este documento dispensa por si só qualquer comentário. Isnard nos aparece então como um grande negociante especializado no comércio de óleos e grãos; sua atividade econômica acha-se fundada sobre o capital comercial; mas, neste caso particular, o capital comercial não se encontra submetido à produção: ele serve simplesmente de intermediário para a troca de mercadorias (azeite, grãos), que não produz. Isnard possui ainda uma manufatura de sabão e beneficia seda. O comerciante torna-se então industrial. O desenvolvimento do capital comercial, até certo ponto, é a condição histórica do desenvolvimento da produção capitalista: somente até certo ponto, já que este desenvolvimento será realizado sem que sejam modificadas as relações de produção. Este movimento, desta forma, não conseguirá explicar a passagem do modo de produção feudal ao modo de produção capitalista. No conjunto dos negócios de Isnard, o comércio domina sempre a indústria; a base econômica da produção continua intacta. Não há aí nenhuma revolução, como o demonstra Marx[4]. A posição econômica do negociante Isnard coincide bem com a posição política do girondino Isnard.

Contra a alta burguesia fundada sobre o capital comercial e ligada, de certa forma, às relações de produção, ao sistema social e político da aristocracia feudal, a média e a pequena burguesia levaram adiante em 1793-1794 uma luta vitoriosa. Convém precisar que estes foram, do ponto de vista social, os *montanheses*, os *jacobinos*, os *sans-culottes*: o problema da transição do feudalismo ao capitalismo esclarece-se.

Danton simboliza a Montanha: é bastante caracterizado como comprador de bens nacionais. A abolição da feudalidade era a condição básica de sua nova condição de rendeiros agrários, de rendeiros capitalistas. Entre os jacobinos, o marceneiro Duplay aparece como o tipo representativo: não é mais um companheiro marceneiro, mas sim um patrão já importante. São bastante citadas as palavras da mulher de Lebas, membro da Convenção, filha de Duplay, segundo a qual, seu pai, cheio de dignidade burguesa, nunca admitiu em sua mesa um de seus "servidores", quer dizer, de seus operários. Jaurès lembra na sua *Histoire socialiste* que o *marceneiro* Duplay recebia dez a doze mil libras anuais por aluguéis de casas[5]. Trata-se então de um produtor independente em vias de se tornar capitalista; no plano político, trata-se de um elemento revolucionário dos mais ativos.

Voltarei aqui a insistir sobre os *sans-culottes*. O termo é bastante vago, engloba categorias sociais diversas, que vão das camadas populares mais baixas à pequena burguesia. O sustentáculo da *sans-culotterie* parisiense foi constituído em 1793 e no ano II pelo pessoal dos comitês revolucionários. Qual era então sua composição social?

De acordo com os *dossiers* pessoais da série alfabética dos fundos do Comitê de Segurança Geral, dos Arquivos Nacionais[6], temos recenseados 454 comissários revolucionários em Paris. Entre eles, 20, ou seja, 4,5% vivem de seus próprios bens: 4 vivem de renda propriamente dita (0,8%), 11 comissários pertencem às profissões liberais (2,4%), 6 antigos lojistas ou artesãos (1,3%). Por outro lado, contamos 22 assalariados, operários, companheiros ou *garçons* (operários trabalhando por conta de um mestre) e 23 domésticos ou antigos domésticos: ou seja, 9,9% do total. As profissões liberais são representadas por 52 comissários (10,5%): em primeiro lugar os artistas, escultores, pintores, músicos; a seguir os das instituições; os legisladores são relativamente pouco numerosos. A este grupo podemos agregar 22 empregados, dos quais 7 dos correios (4,8%).

A massa dos comissários pertence ao artesanato e às lojas: 290 sobre 454 recenseados, ou seja, 63,8% do pessoal dos comitês revolucionários. Sobre o conjunto, 84 comissários (18,5%) podem ser considerados como tendo saído do pequeno ou médio comércio, 206 (45,3%) do artesanato: trata-se essencialmente de pequenos e médios produtores-mercadores. Entre os artesãos, os cordoeiros formam o grupo mais numeroso: 28 (6,1%), seguidos por 18 comerciantes de quinquilharias (3,9%), 16 peruqueiros ou cabeleireiros. Mas é ao conjunto dos ofícios de arte e de luxo que pertencem 42 comissários (9,2%). O grupo dos ofícios de construção compreende 37 comissários (8,1%), 29 destes dos ofícios de madeiras e móveis (6,3%).

Além do conjunto desses 454 comissários revolucionários do ano II, um pequeno grupo já havia deixado o estágio do artesanato para entrar no da produção capitalista. Ao lado de 8 comissários qualificados como empreendedores, devemos dar uma condição particular a 8 fabricantes: gaze, fitas, meias, papel pintado e gesso. Precisemos que *fabricante* não é empregado aqui no sentido de fabricante-empreendedor (capital comercial), mas no de chefe de empresa empregando mão de obra assalariada (capital industrial). A passagem da produção feudal à produção capitalista se faz aqui pela transformação do produtor em comerciante e capitalista.

Alguns *dossiers* individuais permitem precisar as relações de produção. Na seção dos *Gardes-Françaises*, o comissário Maron aparece como *fabricante* e *comerciante* de gesso; possui uma pedreira onde trabalham 20 operários[7]. Os textos são bastante precisos para que vejamos aqui um industrial que se torna comerciante e produz a atacado diretamente para o mercado. Da mesma forma, na seção do *Faubourg-du-Nord*, o comissário Mauvage já é um industrial importante: encontra-se à frente de uma manufatura de ventarolas (de uma oficina) onde trabalham mais de 60 operários[8].

Os membros dos comitês revolucionários parisienses foram no ano II os agentes mais ativos do Governo Revolucionário, os executores mais zelosos do Terror que, com seus "terríveis golpes de martelo", para usar as palavras de Marx[9], livraram a França das ruínas feudais. Longe de nós querer negar o papel dirigente da grande burguesia na Revolução, mas é a pequena burguesia, os pequenos mercadores, quem constitui no ano II o elemento mais eficaz na luta pela abolição da feudalidade enquanto modo de produção.

Integrado, na época do Antigo Regime, à sociedade feudal, servindo simplesmente de intermediário na troca de mercadorias, dominando ainda a produção industrial, o capital comercial atrai contra si a oposição dos pequenos produtores independentes. Daí certos aspectos da política "montanhesa" e certas reivindicações da *sans-culotterie* parisiense no ano II.

Os *sans-culottes* conquistam os organismos que serviam de ponto de apoio ao capital comercial. Reclamam o fechamento da Bolsa e a supressão das sociedades anônimas. Em 1º de maio de 1793, a seção parisiense do *Faubourg-du-Nord* pede o fechamento da Bolsa; no dia seguinte a seção do *Contrat-Social* adere a esta petição[10]. É preciso atender à eliminação dos girondinos: a Convenção ordena o fechamento da Bolsa de Paris no dia 27 de junho de 1793[11]. Quanto às sociedades anônimas, tinham-se multiplicado no final do Antigo Regime. Em julho de 1793, um cidadão da seção dos *sans-culottes* assombra-se em ver aparecer

> aqui uma Caixa de auxílios, lá uma Caixa de comércio, de um outro lado uma Caixa econômica, mais além, a *Tontine* dos anciãos, por aqui a Caixa da *Tontine* dos seguros de vida, noutro lugar a Loteria Patriótica da Rua du Bac. (não são senão empresas para açambarcar dinheiro). Estes homens ricos, senhores e empresários das caixas, são os que mais têm a temer[12].

Em 24 de agosto de 1793, a Convenção "montanhesa" interditou as companhias financeiras; em 26 germinal do ano II, proibiu a todas, sem distinção[13].

Mais significativa ainda foi a posição dos *sans-culottes* parisienses com respeito ao fornecimento de materiais de guerra. Tendo sido adotada a nacionalização apenas para a fabricação de armas, o Governo Revolucionário era forçado a percorrer a empresas privadas no que dizia respeito aos equipamentos e ao seu fornecimento. Seguindo a tradição do Antigo Regime, o governo concentrou os pedidos nas mãos de uns poucos homens de negócios, grandes negociantes, importantes fabricantes-empreendedores, em lugar de dispersá-los entre as inúmeras pequenas oficinas de produtores independentes: o capital comercial dominava ainda a produção industrial, e não o inverso. Daí surgiu no decorrer do ano II uma série de conflitos entre o Governo Revolucionário e a *sans-culotterie* parisiense, que contribuíram para o agravamento de suas relações.

Em certas seções, os militantes abrem subscrições com a finalidade de reunir capitais necessários para iniciarem a fabricação e assim dilacerar a tutela dos fabricantes-empreendedores e do capital comercial. Com esta finalidade, a seção das *Tuileries* lança em 4 de fevereiro de 1793 uma significativa proclamação:

1º) os fornecedores ávidos, mal-intencionados ou inábeis, não poderão mais entravar os movimentos dos exércitos, obstaculizar nosso sucesso; a sorte da liberdade não se encontrará mais nas mãos dos especuladores dos monopólios;
2º) um pequeno número de ricos empresários não mais se apropriará de todo lucro que lhe propiciam seus imensos fornecimentos; ele será repartido por todos nossos mercadores, todos nossos operários, todos nós;
3º) os empreendimentos parciais, sendo dirigidos com inteligência e com economia, fazendo menos despesas, nos proporcionarão vantagem, e os fornecimentos serão melhores[14].

Não poderia haver um elogio melhor à *empresa parcial*, ou seja, da pequena produção independente dominando a função comercial. De fato, o trabalho continua organizado segundo o modo mais comum nesta época. O fabricante-empreendedor faz trabalhar os operários numa ordem dispersa; ele não é fabricante senão no nome, é mais um comerciante. A administração fornece a matéria-prima aos empresários, os quais fazem confeccionar as vestimentas e equipamentos. Este sistema levará a inúmeros protestos na medida que agrava a situação dos produtores imediatos, transformando-os em simples assalariados.

As seções não param de reclamar, mas, como faltam capitais, não podem se desligar da tutela dos empresários. Em 15 de junho de 1793, a seção do *Finistère* decide estabelecer uma oficina sob seu controle. Entretanto, tem de recorrer aos comissários capazes de fornecer uma fiança equivalente ao valor da matéria-prima atribuída à seção e aumentar os salários dos operários. Somente um cidadão apresenta-se para cobrir a fiança de 6.000 libras: é um empresário. Entretanto sua liberdade enquanto empresário permanecerá limitada pelo controle dos comissários da seção[15].

O mesmo problema aparece na seção dos *Invalides*, que organizou, em 9 de setembro de 1793, uma oficina secional. Dois comissários foram encarregados de dirigi-la, supervisionar a fabricação, propor (levando em conta as tarifas da administração do vestuário das tropas) o preço das peças e das tarefas, de tal maneira que os gastos gerais fossem cobertos. Nomeando e destituindo os comissários, determinando seu comportamento e fixando os preços das confecções, verificando a contabilidade e regulamentando as despesas, a assembleia geral da seção era na realidade a senhora da empresa: desta forma era rejeitada a tutela dos fabricantes-empreendedores. Mas esta empresa apresentava um ponto fraco irremediável: a falta de capitais de giro. Em 25 termidor do ano II, a assembleia geral dos *Invalides* foi obrigada a convidar cidadãos ricos a emprestarem os fundos necessários a título gratuito[16]. As oficinas secionais foram finalmente obrigadas a recorrer ao capital comercial: e isso era cair novamente sob a tutela dos fabricantes-empreendedores, da qual os *sans-culottes* pretenderam sair. Desta forma, a solução não estava na constituição utópica das oficinas secionais: a época ainda não estava madura. A solução estava na subordinação do capital comercial à produção industrial, na destruição do antigo modo de produção e no estabelecimento de novas relações de produção.

E isto era pressentido por alguns artesãos independentes, como o demonstram certas petições. Em 1º de outubro de 1793, uma delegação de sapateiros solicitou à Convenção que eles fossem os únicos admitidos como fornecedores de sapatos para a tropa, excluindo os negociantes ou fabricantes-empreendedores[17]. Em 4 pluvioso do ano II (27 de janeiro de 1794) a sociedade popular da seção da *Unité* pediu

> uma lei para aniquilar e suprimir todos os empreiteiros da República, que por manobras astuciosas introduziram-se no fornecimento de equipamentos para as tropas (...) Quem sofre com todos estes fornecedores? A República, os artistas indigentes, os operários pobres, os quais, para terem pão para comer, são forçados pelas necessidades da vida a se dirigir a estes egoístas pedindo-lhes trabalho a ser produzido por um preço objeto[18].

A petição denuncia os lucros escandalosos dos *empreiteiros monopolistas*. As negociações por eles concluídas parecem vantajosas para a República; mas, de fato, os *monopolistas* pagam 16 em lugar de 18 pela confecção de um par de polainas, 10 em vez de 12 pela confecção de uma camisa, recebendo 30 *sous* por estas tarefas; e ainda não fornecem a fibra, o que absorve uma parte considerável do salário. Encontramos neste processo a angústia do pequeno artesão independente, pouco a pouco transformado em simples assalariado pelos golpes do capital comercial.

Em 15 floreal do ano II (4 de maio de 1794), a seção do *Bonnet-Rouge* volta sobre o mesmo problema e denuncia uma nova *aristocracia*, "a dos empresários".

> Apenas um, sempre o mais rico, está próximo a absorver por toda parte todas as empresas lucrativas, das quais uma partilha justa apresentará a um grande número de bons cidadãos os meios de sobrevivência para suas famílias, assim como os lucros permitidos[19].

Com a finalidade de prevenir "este açambarcamento que pretendiam todos estes empresários financistas", a Convenção decretaria que ninguém poderia participar das empreitadas sem ser portador de um certificado de civismo. Sendo estes certificados fornecidos pelas assembleias gerais das seções, os fabricantes-empreendedores estavam certos de não recebê-los; os *sans-culottes* haviam voltado o Terror contra o capital comercial; a recusa de um certificado de civismo colocava o cidadão na categoria de suspeito.

Mas os tempos mudaram. Após o processo e a execução de Hébert (4 germinal do ano II: 24 de março de 1794), o Governo Provisório separou-se da *sans-culotterie* parisiense e reviu sua política social, afrouxando o Terror econômico com relação às classes possuidoras.

Após o 9 termidor, a reação acelerou-se rapidamente, tanto no plano econômico quanto no político. O esmagamento da *sans-culotterie* parisiense, nas jornadas de *prairial* do ano III, colocou um fim nas reivindicações das seções contra os fabricantes-empreendedores e o capital comercial. Em 25 *prairial* do ano II (13 de junho de 1795), o Comitê de Salvação Pública autorizava a comissão dos aprovisionamentos a fazer confeccionar as vestimentas das tropas pelos empreendedores[20]: uma concessão ao capital comercial. Nesta data, os girondinos estavam novamente na Convenção; a alta burguesia retomava sua influência.

Ainda nessa data, o Terror lançara abaixo as relações feudais de produção: o campo estava livre para a instalação das novas relações. A pequena burguesia artesanal e lojista, jacobinos e *sans-culottes* que impuseram o Terror e sustentaram o Governo Revolucionário, apareciam como o motor essencial da Revolução Francesa. Na sociedade capitalista que daí surgiu, a indústria iria dominar o comércio, enquanto na sociedade feudal do Antigo Regime, o comércio dominava a indústria. O capital comercial não chegaria ao décimo nono século de existência autônoma, não seria mais que o agente do capital produtivo, do capital industrial, ao qual daí em diante se subordinaria. Quanto aos pequenos e médios produtores mercantis, que no ano II haviam formado a maioria do partido jacobino e do movimento *sans-culotte*, a evolução econômica traria às suas fileiras uma diferenciação marcante: alguns se reuniriam e tornar-se-iam capitalistas industriais, outros seriam eliminados e iriam engrossar as fileiras dos assalariados. Desta forma foi marcada, por suas últimas consequências, o caráter dramático da luta de classes sob a Revolução.

NOTAS

1. Ver o artigo que escrevi sobre os *sans-culottes*. "Classes et lutte de classes sous la Révolution Française", *La Pensée*, n° 53, jan-fev. 1954.
2. *De l'influence attribuée aux philosophes, aux francs-maçons et aux illuminés sur la Révolution Française...* 1802.

3. *Archives nationales*, F7 4747, "Bases et calcus qui ont servi de règle pour Ia fixation des indemnités par le représentant du peuple Isnard, 30 germinal année III ".

4. V. o cap. XX, "Renseignements historiques sur le capital commercial", do livro III do *Capital*, e particularmente a passagem deste capítulo citada por Giuliano Procacci em sua Apresentação.

5. *Histoire socialiste*, IV, 1448. Duplay foi comprador de bens nacionais no ano IV (1796) – (*Ibid.* V, 460).

6. *Archives nationales*, F7 4577 a 4775 (53).

7. *Archives nationales*, F7 4774 (35), *dossier* Maron.

8. *Archives nationales*, F7 4774 (40).

9. "La critique moralisante ou la morale critique" in *Oeuvres philosophiques*, Éd. Costes, III, p. 130.

10. *Archives nationales*, C 355, pl. 1860, p. 19.

11. *Moniteur,* reimpressão, t. XVI, p. 759.

12. *Archives départamentales de Ia Seine*, 4 Az 698, sem data.

13. *Moniteur,* reimpressão, t. XVII, p. 484, t. XX, p. 233.

14. *Bibliothèque nationale*, Mss, "Nouvelles acquisitions françaises", 2647, f. 7.

15. *Archives nationales*, F7 2517, "Procês-verbaux du comité révolutionnaire de la séction du Finistère".

16. *Archives nationales*, F7 2510, "Procês-verbaux des assemblées génerales de la section des Invalides".

17. *Moniteur,* reimpressão, t. XVIII, p. 16.

18. *Archives nationales*, D III 255- 256 (1), d. 2, pp. 2 e 4.

19. *Archives nationales*, D III 253 (3), d. 1, p. 13.

20. *Bibliothèque nationale*, Mss, "Nouvelles acquisitions françaises", 2652.

Tradução: Theo Santiago

A CRISE GERAL
DA ECONOMIA EUROPEIA NO SÉCULO XVII*

ERIC HOBSBAWM

Neste artigo pretendo mostrar que a economia europeia passou por uma "crise geral" durante o século XVII, última fase da transição geral de uma economia feudal para uma economia capitalista. Por volta de 1300, quando se tornou evidente que a sociedade feudal europeia[1] enfrentava graves problemas, certas regiões da Europa em várias ocasiões pareciam encontrar-se à beira do capitalismo. Toscana e Flandres no século XIV e a Alemanha do início do século XVI tinham um clima de revolução "burguesa" e "industrial". No entanto, apenas em meados do século XVII esse clima se transformou em algo além de um quadro essencialmente medieval ou feudal. As primitivas sociedades urbanas nunca obtiveram um êxito total nas revoluções que prenunciaram. Não obstante, desde o início do século XVII, a sociedade "burguesa" avançou, sem encontrar grandes obstáculos. A crise do século XVII difere, portanto, das que a precederam no fato de que levou à solução dos problemas que se haviam apresentado anteriormente ao triunfo do capitalismo, de um modo tão fundamental quanto esse sistema o permitia. O objetivo deste artigo é ordenar parte das provas que demonstram a existência de uma crise geral – ainda muito discutida – e propor uma explicação para a mesma. Pretendo discutir em outro artigo algumas das transformações decorrentes dessa crise, bem como a forma como foram superadas. É muito provável que durante os próximos anos sejam feitos vários trabalhos históricos sobre este tema e este período. Na realidade, vários historiadores têm se referido à hipotética existência dessa "paralisação geral do desenvolvimento econômico" ou crise geral, de que tratamos neste artigo[2]. Convém, portanto, apresentar antes uma visão geral do problema e fazer algumas especulações sobre hipóteses de trabalho nesse campo, quanto mais não seja para estimular novos estudos sobre o assunto.

---

* Hobsbawm, E. "The general crisis of the European economy in the 17th century", in *Past and Present. A journal of historical studies*, nº 5 e 6, maio e novembro de 1954. © The Past and Present Society, Corpus Christi College, Oxford. Reprodução autorizada pelo autor e por The Past and Present Society.

PROVAS DE UMA CRISE GERAL

Há uma grande quantidade de provas sobre a "crise geral". No entanto, deve-se evitar a tese segundo a qual uma crise geral equivale a uma regressão econômica, ideia que esteve presente em toda a discussão sobre a "crise feudal" dos séculos XIV e XV. É evidente que *houve* uma regressão considerável durante o século XVII. Pela primeira vez na história, o Mediterrâneo deixou de ser o centro mais importante de influência econômica e política e, eventualmente, cultural, tendo se transformado num mar estagnado e empobrecido. As potências ibéricas, a Itália e a Turquia apresentavam um evidente retrocesso. Quanto a Veneza, encontrava-se a ponto de transformar-se num centro turístico. Com exceção de alguns lugares dependentes dos estados do noroeste (em geral portos livres) e da metrópole pirata de Argel, que também agia no Mediterrâneo[3], havia pouco desenvolvimento. Mais ao norte, o declínio da Alemanha era evidente, embora de forma alguma irremediável. Na Polônia báltica, a Dinamarca e a Hansa declinavam. Embora o poder e a influência dos Habsburgos austríacos aumentassem (em parte talvez devido ao declínio tão dramático dos outros) seus recursos continuavam sendo escassos e sua estrutura política e militar era fraca, mesmo durante o período de sua maior glória, no início do século XVIII. Por outro lado, as potências marítimas e suas dependências – Inglaterra, Províncias Unidas, Suécia – assim como a Rússia e outras regiões menores como a Suíça, pareciam se desenvolver ao invés de estagnar. Quanto à Inglaterra, encontrava-se em pleno avanço. A França se encontrava numa situação intermediária, embora seu triunfo político não se tenha feito acompanhar por um grande progresso econômico a não ser no final do século, e mesmo assim de forma intermitente. Na realidade, depois de 1680, impera nas discussões uma atmosfera sombria e crítica, embora as condições durante a primeira metade do século fossem excelentes. (Talvez a grande catástrofe de 1693-94 o explique)[4]. Foi no século XVI e não no século XVII que os invasores mercenários se deram conta de quanto havia para saquear na França, e os indivíduos da época de Richelieu e Colbert encaravam o período de Henrique IV como uma época de ouro. É possível que durante algumas décadas, em meados do século, os lucros obtidos no Atlântico não fossem suficientes para compensar os prejuízos no Mediterrâneo, Europa Central e Báltico, cuja produção encontrava-se estagnada ou talvez em declínio. No entanto, o que interessa é o decisivo avanço verificado no progresso do capitalismo.

Os dados isolados sobre a *população* europeia sugerem, no pior dos casos, um declínio de fato; e no melhor dos casos, um nivelamento ou ligeira elevação em meio às oscilações da curva populacional do final do século XVI até o século XVIII. À exceção dos Países Baixos, Noruega e talvez Suécia e Suíça, não há sinais de grande aumento de população. A Espanha era sinônimo de despovoamento, o sul da Itália também parece ter sofrido e são bem conhecidos os estragos de meados do século na Alemanha e leste da França. Embora Pirenne tenha afirmado que a população belga aumentou, os dados referentes a Brabantes não parecem confirmar sua opinião. A população da Hungria diminuiu e a da Polônia decresceu ainda mais. O aumento da população inglesa declinou rapidamente e após 1630 pode ter atingido a estagnação[5]. Na realidade, não é fácil entender porque Clark afirma que "o século XVII sofreu, na maior parte da Europa, como havia ocorrido no século XVI, um aumento moderado de população"[6]. Evidentemente, a mortalidade foi maior nos séculos XVI e XVII. Nunca, desde o século XIV, se registrou durante todo um século uma percentagem maior de doenças epidêmicas. Sobre isso, foram feitas pesquisas recentes que demonstraram que os danos causados pelas epidemias não podem ser explicados sem que sejam associados à fome[7]. Enquanto um certo número de cortes e metrópoles administrativas ou centros comerciais e financeiros internacionais chegaram a adquirir grandes dimensões, as grandes cidades que haviam crescido durante o século XVI permaneceram estacionadas, sendo que as cidades médias e pequenas frequentemente declinaram. Esse fenômeno parece poder ser aplicado também, em parte, aos países marítimos[8].

Nesse meio tempo, o que ocorreu com a *produção*? Simplesmente a ignoramos. Algumas zonas se desindustrializaram completamente, principalmente na Itália, que passou de país mais industrializado e urbanizado da Europa a uma zona tipicamente camponesa e retrógrada. O mesmo sucedeu à Alemanha, partes da França e Polônia[9]. Por outro lado, em alguns lugares – como a Suíça – verificou-se um desenvolvimento industrial relativamente rápido, um incremento das indústrias extrativas na Inglaterra e na Suécia e um importante aumento de trabalho doméstico rural, às custas da produção artesanal urbana ou local, podendo ter levado ou não a um aumento líquido na produção total. Se é que os preços podem ser tomados como um indicador, não devemos esperar encontrar um declínio geral da produção pois o período deflacionário que se seguiu à grande alta dos preços, anterior a 1640, pode ser explicado mais por uma queda relativa ou absoluta da demanda que por um declínio na oferta de dinheiro. No entanto, é possível que na indústria básica de têxteis se verificasse não só uma transição dos tecidos "velhos" para os "novos" mas também um declínio na produção total durante parte do século[10].

No *comércio*, a crise foi mais geral. As duas principais zonas de comércio internacional, o Mediterrâneo e o Báltico, passaram por uma revolução e, possivelmente, por um declínio transitório no volume de seu comércio. O Báltico – a colônia europeia dos países ocidentais urbanizados – transformou sua linha de exportações, que passou de produtos alimentícios a produtos como madeira, metais e equipamentos navais, enquanto diminuíram suas importações tradicionais de lã ocidental. O comércio, de acordo com os cálculos das barreiras aduaneiras de Sound, atingiu seu auge em 1590-1620, entrou em colapso na década de 1620, decaiu catastroficamente após ligeira recuperação até a década de 1650, permanecendo estacionário até aproximadamente 1680[11]. Após 1650, o Mediterrâneo, assim como o Báltico, transformou-se numa zona que comerciava produtos locais, principalmente matérias-primas para as manufaturas do Atlântico e produtos orientais, então monopolizados pelo Noroeste. No final do século, o Levante obtinha suas especiarias do Norte e não do Leste. O comércio do Levante francês ficou reduzido à metade entre 1620 e 1635, chegando quase a zero por volta de 1650, só conseguindo se recuperar realmente dos níveis de depressão após 1670. Entre 1617 e aproximadamente 1650, o comércio do Levante holandês foi muito fraco[12]. Mesmo então os franceses pouco ultrapassaram os níveis da pré-depressão antes de 1700. Teria o comércio britânico e holandês no sul compensado a perda dos mercados bálticos? Provavelmente não. Ele pode apenas ter compensado o declínio das vendas de produtos italianos. O comércio internacional de produtos alimentícios (trigo do Báltico, arenques holandeses e peixe de Terranova) não manteve seus níveis jacobinos. O comércio internacional de tecidos de lã parece ter também decrescido, não tendo sido, imediatamente, substituído por outros têxteis visto que os grandes centros de exportação de linho – Silésia e Lusátia – parecem ter declinado após 1620. Talvez um balanço geral do comércio em ascensão e do decadente mostrasse que as exportações não aumentaram de modo significativo entre 1620 e 1660. Com exceção dos estados marítimos, é pouco provável que a venda nos mercados locais compensasse esta situação.

Como já sabemos, com base na experiência do século XIX, não é possível medir a situação dos negócios a partir apenas dos dados do comércio e produção, quaisquer que sejam eles. (Não obstante, é significativo que na discussão econômica, em geral, se parta da premissa de mercados estáveis e oportunidades de lucro. Tem se afirmado, com frequência, que o mercantilismo colbertiano foi uma política de ações militares destinadas a obter grandes fatias de um comércio internacional de dimensões determinadas. Não há razão alguma para que os administradores e comerciantes – visto que a economia não constituía ainda um tema acadêmico – adotassem pontos de vista muito distantes das aparências). É verdade que mesmo em países que não declinaram, os negócios seculares passaram por dificuldades. O comércio inglês com a Índia Oriental diminuiu de intensidade até a Restauração[13]. Apesar do comércio holandês ter aumentado bastante, a média dos dividendos anuais da Companhia das Índias Orientais caiu em cada um dos decênios entre 1630 e 1670 (incluindo-se também esses anos), com exceção de um pequeno aumento na década de 1660. Entre 1627 e 1687, não houve dividendos por 16 anos; no resto da história da Companhia, entre 1602 e 1782, tampouco houve dividendos. (O valor de seus bens permaneceu estável entre 1640 e 1660). Da mesma forma, os lucros da *Amsterdam Wisselbank* atingiram seu ponto culminante durante a década de 1630 para, em seguida, decair durante cerca de 20 anos[14]. Também nesse caso pode ser considerado meramente acidental que o movimento messiânico da história judia ocorresse precisamente nesse momento, envolvendo as comunidades dos grandes centros mercantis – Smirna, Leghorn, Veneza, Amsterdã, Hamburgo – com especial êxito em meados da década de 1660, quando os preços atingiram quase que seu ponto mais baixo.

Também é evidente que a *expansão da Europa* passou por uma crise. Embora as bases do fabuloso sistema colonial do século XVIII tivessem sido estabelecidas principalmente a partir de 1650[15] pode ter se verificado antes uma certa contração da influência europeia, exceto no interior da Sibéria e América. É evidente que os impérios espanhol e português se contraíram, tendo mudado de caráter. Mas também é importante destacar que os holandeses não mantiveram o notável nível de expansão verificado entre 1600 e 1640 e que seu império realmente decaiu nas três décadas que se seguiram[16]. O colapso da Companhia das Índias Ocidentais, após a década de 1640, e o final simultâneo da Companhia Anglo-Africana e da Companhia Holandesa das Índias Ocidentais, no início da década de 1670, também podem ser incidentalmente mencionados.

Em geral se aceita que o século XVII tenha sido um século de *revolta social*, tanto na Europa ocidental quanto na oriental. A série de revoluções ocorridas nesse período levou certos historiadores a acreditar numa espécie de crise social-revolucionária em meados do século[17]. A França teve suas Frondas, que foram importantes movimentos sociais; as revoluções catalã, napolitana e portuguesa marcaram o momento de crise do Império Espanhol durante a década de 1640; a guerra camponesa-suíça de 1653 foi uma manifestação tanto da crise do após-guerra quanto da crescente exploração do campesinato por parte da cidade, enquanto na Inglaterra a revolução triunfava com fantásticos resultados[18]. A agitação camponesa não cessou no Ocidente – em 1675 verificou-se em Bordéus e na Bretanha o movimento do "papel selado" conjugando o descontentamento da classe média, marítimos e camponeses, tendo ocorrido mais tarde as guerras dos *camisards*[19]. No entanto, na Europa Oriental esses movimentos foram mais significativos. Durante o século XVI houve poucas revoltas contra a crescente exploração dos camponeses. A revolução ucraniana de 1648-54 pode ser considerada como uma importante revolta servil. Também se poderia mencionar os diversos movimentos *"Kurucz"* húngaros, cujo nome nos remete às rebeliões camponesas de Dozsa de 1514, lembradas nas canções folclóricas sobre Rakoczy, assim como a Revolução Russa de 1672 ficou gravada na canção sobre Stenka Razin. Verificou-se ali, em 1680, uma importante revolta camponesa que inaugurou um período de agitações servis endêmicas[20]. Nesta série de revoltas sociais poderiam também ser incluídas as revoltas irlandesas de 1641 e 1689.

Apenas num aspecto o século XVII conseguiu se sobrepor ao invés de apresentar dificuldades. Com exceção das potências marítimas que experimentavam seus novos regimes burgueses, a maior parte da Europa descobriu no *absolutismo* uma forma de governo eficiente e estável, baseado no modelo francês. (Embora o surgimento do absolutismo tenha sido considerado como um sintoma de debilidade econômica[21], este é um tema que merece um estudo mais profundo). A grande era dos artifícios *ad hoc* em matéria de política, guerra e administração desapareceu com os grandes impérios mundiais do século XVI: o espanhol e o turco. Pela primeira vez, grandes Estados territoriais pareciam ser capazes de resolver seus três problemas mais fundamentais: conseguir que as ordens governamentais fossem imediatamente obedecidas numa extensa área; obter dinheiro suficiente para os pagamentos periódicos e – em parte como consequência disso – conseguir dirigir seus exércitos. A época dos grandes subcontratantes financeiros e militares teve fim com a Guerra dos Trinta Anos. Os Estados ainda tinham de subcontratar, como o demonstra a prática de venda de cargos e coleta de impostos agrícolas[22]. No entanto, toda a atividade comercial encontrava-se oficialmente controlada pelos governos e não apenas na prática, visto que aquele que adquiria o monopólio, como os Fugger e Wallenstein descobriram, podia ditar seus termos da mesma forma que aquele que o concedia. Talvez este evidente êxito político dos Estados territoriais absolutistas tenha, com sua pompa e esplendor, desviado a atenção das dificuldades gerais da época.

Embora apenas parte dessas provas seja verdadeira, já se pode falar de uma "crise geral" do século XVII, apesar de uma de suas características ter sido a relativa imunidade dos Estados que haviam passado por uma "revolução burguesa". É provável – embora com isso estejamos entrando no complexo terreno da história dos preços[23] – que a crise tenha tido início por volta de 1620, provavelmente com o período de violenta queda dos preços que se estendeu de 1619 aos primeiros anos da década de 1620. Ao que parece, após uma distorção no movimento de preços, resultante da Guerra dos Trinta Anos, esta crise atingiu sua fase mais aguda entre 1640 e

1670, embora não se possa estabelecer datas precisas numa discussão sobre movimentos econômicos de longa duração. A partir daí, os dados são contraditórios. É possível que os sintomas de renascimento tenham superado os de crise não só (evidentemente) nos Estados marítimos como também em outras regiões. No entanto, as violentas oscilações de alta e depressão, a fome, as revoltas, epidemias e outros sintomas de profundos transtornos econômicos no período de 1680-1720 deveriam servir para nos alertar a fim de não anteciparmos o período de recuperação total. Embora a tendência fosse ascendente, talvez desde a década de 1680 – e mesmo antes em países isolados – encontrava-se ainda sujeita a flutuações desastrosas.

No entanto, o que se poderia argumentar, é que aquilo que descrevi como sendo uma "crise geral" não foi senão resultado das guerras do século XVII, especialmente da Guerra dos Trinta Anos (1618-1648).

No passado, os historiadores costumavam adotar (ou melhor, tomar como certo) esse ponto de vista. No entanto, a crise afetou várias regiões da Europa que não tinham sido devastadas por generais e intendentes do exército. Alguns tradicionais "barris de pólvora" da Europa (como a Saxônia e os Países Baixos) estiveram, pelo contrário, em melhores condições que outras regiões mais tranquilas. Além disso, manifestou-se uma tendência persistente em exagerar o contínuo e prolongado prejuízo causado pelas guerras do século XVII. Atualmente, sabemos que (permanecendo os outros fatores semelhantes) a diminuição de população, produção e capital decorrente das guerras do século XX, cuja capacidade destrutiva é muito maior, pode ser recuperada em 20 ou 25 anos. Se o mesmo não se verificou no século XVII foi porque as guerras agravaram as tendências de crise já existentes. Isto não significa negar sua importância, embora seus efeitos tenham sido mais complexos do que poderia parecer à primeira vista. Assim, às devastações causadas pela Guerra dos Trinta Anos, em parte da Europa Central, devemos opor o estímulo que a guerra representou para a mineração e a metalurgia em geral, bem como sua responsabilidade na alta temporária de preços nos países não beligerantes (seu benefício temporário para Carlos I, durante a década de 1630). Também é provável que se não fosse isso, o grande "aumento dos preços" teria tido fim na década de 1610 e não na de 1640. Pode-se ter quase como certo que a guerra desviou a incidência da crise e, no geral, a agravou. Finalmente, convém considerar se a crise levou, de certa forma, a uma situação que precipitou ou prolongou a guerra. No entanto, este ponto não é essencial para nosso argumento e talvez leve a demasiada especulação, fugindo ao nosso tema.

AS CAUSAS DA CRISE

Ao discutir a crise do século XVII levantamos um dos problemas fundamentais sobre a ascensão do capitalismo: por que a expansão do final dos séculos XV e XVI não levou diretamente à Revolução Industrial dos séculos XVIII e XIX? Em outras palavras: quais foram os obstáculos à expansão capitalista? Convém adiantar que as respostas são tanto gerais como particulares.

O raciocínio geral pode ser resumido no seguinte: para que o capitalismo se implante, a estrutura da sociedade feudal ou agrária deve passar por uma revolução. A divisão social do trabalho terá de ser muito elaborada, caso se deseje incrementar a produtividade, e a força social de trabalho deve ser radicalmente redistribuída – passando da agricultura para a indústria – durante esse processo. A proporção de produção negociada no mercado supralocal deverá aumentar rapidamente. Enquanto não houver uma grande quantidade de trabalhadores assalariados, enquanto os homens satisfizerem suas necessidades através de sua própria produção ou através do intercâmbio em numerosos mercados locais mais ou menos autárquicos, ainda existentes nas sociedades primitivas, existirá um limite para o lucro capitalista e poucos incentivos para se passar ao que poderia ser, de uma maneira muito geral, denominado de produção em massa (base do desenvolvimento capitalista industrial). Historicamente nem sempre é possível separar estes processos. Podemos falar de "criação do mercado interno capitalista" ou da separação entre os produtores e os meios de produção, que Marx denominou "acumulação primitiva"[24]; a criação de um mercado amplo e em expansão para os bens e uma força de trabalho livre, ampla e disponível são duas coisas que vêm sempre juntas, são dois aspectos diferentes de um mesmo processo.

Por vezes considera-se que o desenvolvimento de uma "classe capitalista" e dos elementos da forma capitalista de produção dentro de uma sociedade feudal levam, automaticamente, a estas condições. Dentro de uma perspectiva mais geral e a longo prazo, se considerarmos os séculos incluídos entre o ano 1000 e 1800, a afirmação anterior torna-se válida. No entanto, o mesmo não se verifica a curto prazo. Caso não existam certas condições – e ainda não estão claras quais são essas condições – o raio de expansão capitalista será limitado pela predominância geral da estrutura feudal da sociedade, isto é, pelo setor rural dominante ou talvez por alguma outra estrutura, como a predominância do espírito tribal ou da produção de mercadorias menores que "imobilize" tanto a força de trabalho potencial e o excedente potencial dos investimentos produtivos quanto a demanda potencial dos bens produzidos de forma capitalista. Dentro dessas condições, como Marx demonstrou no caso da empresa mercantilista[25], as atividades podem se adaptar de forma a funcionar dentro de um quadro feudal em seu conjunto, aceitando suas limitações e a peculiar demanda de serviços, tornando-se as atividades, de certa forma, parasitárias da estrutura feudal. As atividades que passassem a funcionar dessa forma não seriam capazes de superar a crise da sociedade feudal, podendo, inclusive, contribuir para agravá-la. Isto porque a expansão capitalista é cega. A debilidade das antigas teorias que atribuíam o triunfo do capitalismo ao desenvolvimento do "espírito capitalista" ou do "espírito empresarial" encontra-se no fato de que o mero desejo de obter um lucro máximo e ilimitado não produz, automaticamente, a revolução técnica e social que este pressupõe. É necessário que exista, pelo menos, uma produção em massa (ou seja, produção suficiente para obter o maior volume adicional, grandes lucros, mas não necessariamente grandes lucros por venda), ao invés de produção destinada a obter o máximo de lucro por cada unidade vendida. Uma das dificuldades fundamentais do desenvolvimento capitalista em sociedades que mantêm a maioria de sua população fora de seu âmbito (de modo que essas não se transformam nem em vendedores de sua força de trabalho nem em verdadeiros compradores de bens) é que a curto prazo os lucros decorrentes do tipo realmente "revolucionário" de produção capitalista são menos atraentes – ou, pelo menos, assim parece – que os de outro tipo, principalmente quando implicam grande investimento de capital.

Nesse sentido, Christian Dior representa um investimento muito mais atraente que Montagu Burton. No século XVI, monopolizar a pimenta pareceria mais indicado do que iniciar uma plantação de açúcar na América, assim como vender sedas de Bolonha era visto como melhor do que vender fustão de Ulm. No entanto, sabemos que nos séculos seguintes foram obtidos lucros muito maiores com o açúcar e o algodão que com a pimenta e a seda. Sabe-se, também, que o açúcar e o algodão contribuíram em maior medida que os outros dois produtos para a criação de um mundo de economia capitalista.

Sob certas circunstâncias, este comércio podia produzir – embora em condições feudais – valores adicionais suficientemente amplos para permitir o surgimento da produção em grande escala. Isto, quanto se tratava, por exemplo, de abastecer organizações excepcionalmente grandes, como reinos ou a Igreja; quando a escassa demanda de todo um continente se concentrava em mãos de homens de negócios ligados a apenas alguns centros especializados, como as cidades têxteis italianas e flamengas; quando se realizava uma grande "extensão lateral" do campo da empresa, como, por exemplo, através da conquista ou colonização. Também acontecia ser possível empreender certa redivisão social sem perturbar a estrutura fundamentalmente feudal da sociedade como, por exemplo, no caso da urbanização dos Países Baixos e da Itália, com bases nos alimentícios e nas matérias-primas importadas dos territórios semicoloniais. No entanto, as dimensões do mercado eram limitadas. A sociedade medieval e a sociedade da então nascente Idade Moderna estavam muito mais próximas à "economia natural" do que, em geral, se supõe. O camponês francês dos séculos XVI e XVII praticamente não utilizava dinheiro, a não ser para suas transações com o Estado. O comércio varejista, nas cidades alemãs até o fim do século XVI, não era especializado assim como não o era o das lojas das aldeias[26]. Com exceção de um reduzido grupo que podia se permitir esse luxo (e mesmo para estes a ideia de moda, no sentido moderno, talvez só posteriormente tenha se desenvolvido), a alteração da indumentária e dos utensílios domésticos foi lenta. A expansão era possível e, realmente, se verificou. No entanto, enquanto a estrutura geral ou a sociedade rural não passaram por uma renovação, a expansão encontrava-se limitada ou, então, criava seus próprios limites; quando se deparava com eles, verificava-se um período de crise.

O desenvolvimento ocorrido nos séculos XV e XVI não pertenceu, fundamentalmente, a esse tipo e criou, portanto, sua própria crise, tanto dentro do mercado local como no mercado ultramarino. Os "homens de negócio feudais" – que eram os mais ricos e poderosos apenas por serem os mais capazes para ganhar muito dinheiro numa sociedade feudal – não conseguiram superar esta crise. Sua incapacidade de adaptação concorreu para intensificá-la.

Antes de aprofundar a análise desses problemas, convém destacar o fato de que os obstáculos meramente técnicos para o desenvolvimento capitalista nos séculos XVI e XVII não eram insuperáveis. Apesar do século XVI não ter sido capaz de resolver certos problemas fundamentais da técnica, como a fonte de energia compacta e móvel que tanto desconcertou Leonardo, encontrava-se em condições de produzir pelo menos tantas inovações quanto as que se verificaram com a revolução do século XVIII. Nef e outros autores nos informaram sobre as inovações que surgiram nessa época, embora o termo "Revolução Industrial" pareça ser menos adequado ao período 1540-1640 do que à Alemanha de 1450-1520 que criou a imprensa, eficazes armas de fogo, relógios e o extraordinário desenvolvimento em mineração e metalurgia como demonstrado por Agricola em *De Re Metallica* (1556). Não houve, tampouco, pelo menos nas áreas desenvolvidas, uma escassez paralisante de capitais ou de empresas capitalistas ou, ainda, de mão de obra. Dispunha-se de grande volume de capital móvel para ser investido, havendo – principalmente durante todo o período de crescimento demográfico – importantes reservatórios de mão de obra disponível, em diversas especialidades. O que sucedeu foi que nem o capital nem a mão de obra foram aplicados a indústrias de tipo potencialmente moderno. Além disso, os métodos adequados para superar esta escassez e a rigidez da oferta de capital e mão de obra poderiam ter sido utilizados na mesma extensão que nos séculos XVIII e XIX. A crise do século XVII não pode ser explicada pela insuficiência de equipamentos técnicos para a Revolução Industrial, num sentido estritamente técnico e organizacional. Passemos, agora, a examinar as principais causas da crise.

A ESPECIALIZAÇÃO DOS "CAPITALISTAS FEUDAIS": O CASO DA ITÁLIA

O resultado mais dramático da crise foi o declínio da Itália (e dos antigos centros de comércio e manufaturas medievais em geral). Este declínio evidencia a debilidade do "capitalismo" parasitário num mundo feudal. Por isso, é provável que os italianos do século XVI controlassem grandes somas de capital mas as investissem de forma desastrosa. Este capital foi imobilizado em construções e desperdiçado em empréstimos ao exterior, durante a revolução dos preços (que, naturalmente, favoreceu os devedores) ou, por vezes, desviado das atividades manufatureiras para diversas formas de investimentos fundiários. É bem provável que o fracasso das manufaturas italianas em relação às holandesas, inglesas e francesas durante o século XVII se tenha dado devido, em parte, a este desvio dos recursos[27]. Seria uma ironia dizer que os Mediei foram a ruína da Itália, não só como banqueiros, mas também como mecenas de artes dispendiosas; os historiadores filisteus gostam de dizer que a única cidade importante que nunca produziu nada digno de menção em matéria de arte, Gênova, manteve, no entanto, seu comércio e suas finanças melhor do que as outras. No entanto, os investidores italianos que já haviam descoberto há algum tempo que as catedrais muito grandes arruinavam os negócios[28] agiam com bastante sensatez. A experiência de séculos havia demonstrado que os maiores lucros não eram obtidos através de progressos técnicos ou da produção. Estes investidores haviam se adaptado às atividades comerciais dentro da área relativamente limitada que lhes restava, uma vez deixada de lado a maior parte da população europeia por ser "economicamente neutra". Grandes capitais foram utilizados de forma improdutiva simplesmente porque já não havia onde investi-los, progressivamente, em qualquer escala, dentro dos limites deste "setor capitalista". (Os holandeses do século XVII dissimularam uma semelhante saturação de capital multiplicando o número de objetos domésticos e as obras de arte[29], embora tivessem descoberto também um recurso mais moderno: o surto do investimento especulativo). Talvez a adversidade econômica tivesse levado os italianos a um comportamento diferente, embora tivessem ganho dinheiro durante tanto tempo, proporcionando ao mundo feudal seu comércio e finanças que não haviam aprendido facilmente. No entanto, a alta geral ocorrida na última parte do século XVI (como o "verão indiano" da Inglaterra eduardiana) e a repentina expansão da demanda das grandes monarquias absolutas, que era atendida pelos fornecedores privados, bem como o luxo sem precedentes de suas aristocracias, retardaram a catástrofe. Quando esta ocorreu, levando o comércio e a manufatura italiana à decadência, deixou as finanças italianas ainda de pé, embora já não mais preponderantes. Também nesse caso, a indústria da Itália poderia ter mantido algumas de suas antigas posições, abandonando de forma mais decidida seus antigos produtos de alta qualidade e aderindo aos novos tecidos do Norte, mais ordinários e baratos. Mas quem poderia adivinhar, durante o grande período do luxo, de 1580-1620, que o futuro dos tecidos de alta qualidade era limitado? Não era fato que a corte de Lorena usava, durante o primeiro terço do século, mais tecidos importados da Itália do que de todas as outras regiões não francesas juntas?[30]. Seria conveniente não desenvolver um raciocínio na base de que a Itália teria perdido terreno, devido a um mais alto custo de produção, para produtos de igual qualidade até que se tenha mais provas sobre isso ou até que se possa explicar satisfatoriamente o fracasso da produção italiana, após um início tão promissor, em transferir-se da cidade para o campo, como o fizeram as indústrias têxteis de outros países[31].

O caso da Itália demonstra porque determinados países sucumbiram à crise e não necessariamente porque se verificou a crise. Consequentemente, nossa atenção deve se voltar para as contradições do próprio processo de expansão do século XVI.

AS CONTRADIÇÕES DA EXPANSÃO: EUROPA ORIENTAL

A relativa especialização das cidades da Europa ocidental no comércio e na manufatura foi obtida, nos séculos XV e XVI, até certo ponto, pela criação de um enorme excedente de produtos alimentícios exportáveis da Europa oriental e talvez, também, pela atividade pesqueira[32]. Na Europa oriental, por outro lado, isto foi alcançado mediante a criação da agricultura servil em grande escala, isto é, devido a um fortalecimento local do feudalismo. Poderíamos insinuar que este fato teve três consequências: transformou o camponês num cliente menor do que ele tinha ou podia ter sido. (Ou o obrigou a abandonar os tecidos ocidentais de boa qualidade pelos tecidos locais baratos). Diminuiu o número e a riqueza da nobreza menor, em benefício de um grupo de magnatas. Na Polônia, os primeiros controlavam 43,8% dos arados, em meados do século XV e 11,6% em meados do século XVII, enquanto a participação dos últimos passou de 13,3% a 30,7% no mesmo período. E, finalmente, sacrificou o mercado mais ativo das cidades em prol dos interesses do livre comércio dos proprietários exportadores. Em outras palavras, fortaleceu o tipo de comércio que aumentava os lucros daqueles senhores já ricos[33]. O desenvolvimento teve, portanto, dois resultados. Enquanto, por um lado, criava condições para o desenvolvimento das manufaturas na Europa ocidental, por outro, reduzia, pelo menos por algum tempo, o escoamento de seu produto para a área do Báltico, talvez seu mercado mais importante. O desejo de tirar rapidamente proveito da crescente demanda de cereais – o Báltico começava, então, a abastecer não apenas o norte da Europa mas também o Mediterrâneo – levou os senhores do sistema servil a essa precipitada expansão de seus domínios e à intensificação da exploração que resultou na revolução ucraniana e talvez também nas catástrofes demográficas[34].

AS CONTRADIÇÕES DA EXPANSÃO: MERCADOS COLONIAIS E ULTRAMARINOS

Como já sabemos, uma grande parte do comércio entre a Europa e o resto do mundo havia sido passivo, através dos anos, visto que os orientais não necessitavam dos produtos europeus na mesma medida que a Europa necessitava de seus produtos. A situação era equilibrada através de pagamentos em metal precioso, acompanhados, por vezes, de exportação de escravos, peles, âmbar e outros produtos de luxo. Até a Revolução Industrial, as vendas dos produtos manufaturados europeus não eram importantes. (O comércio africano, que não era deficitário, pode ser considerado uma exceção, dado os vacilantes termos favoráveis de intercâmbio que os produtores europeus impunham sobre os ignorantes compradores locais e, na realidade, – e quase por definição – porque o continente foi considerado principalmente como uma fonte de metal precioso até quase o final do século XVII). Em 1665, a Real Companhia Africana ainda calculava seus lucros em ouro como sendo o dobro de seus lucros com escravos[35]. A conquista europeia da América e das principais rotas comerciais não alterou, fundamentalmente, sua estrutura, visto que as Américas ainda exportavam mais do que importavam. O custo dos produtos orientais reduziu-se consideravelmente como consequência da supressão de intermediários, da diminuição dos fretes e da possibilidade aberta a comerciantes europeus e a grupos armados para roubar e trapacear impunemente. A reserva de metal precioso também foi aumentada pelo roubo aos africanos, em benefício dos asiáticos. A Europa, sem dúvida alguma, obteve disso tudo enormes e inesperados lucros. Tanto a atividade geral dos negócios como o capital acumulado foram muito estimulados, mas a exportação de nossas manufaturas *não* apresentou uma grande expansão. As potências coloniais – seguindo a boa tradição do comércio medieval – continuaram com uma política de restrição da produção e de monopólio sistemático. Como resultado disso, não havia nenhuma razão para que a exportação de manufaturas locais fosse beneficiada.

A vantagem que a Europa obteve com essas conquistas iniciais tomou mais a forma de um bônus único que de dividendos regulares. Quando se esgotou, a crise tornou-se provável. Nas potências coloniais os custos e despesas gerais cresceram mais depressa do que os lucros. Tanto no Oriente quanto no Ocidente podemos distinguir três etapas: a dos lucros fáceis, a da crise e, com alguma sorte, a da prosperidade mais modesta e estável. Na etapa inicial é evidente que a conquista ou a pirataria geravam lucros temporários e baixos custos. No Oriente, onde as possibilidades de lucro estavam no monopólio da restrita produção de especiarias e outros produtos semelhantes, a exorbitante elevação dos "custos de proteção" para enfrentar velhos e novos concorrentes talvez tenha levado à crise; quanto mais pronunciada era a alta, mais o poder colonial tentava forçar o preço de monopólio. Calcula-se que tenha sido por essa razão que o comércio português de especiarias apenas pagava seus custos[36]. No Ocidente, onde o comércio se apoiava na produção barata e abundante de metal precioso e outras matérias-primas, é provável que os custos de proteção tenham desempenhado um papel menos importante, embora tenham também aumentado como consequência da concorrência e da pirataria. No entanto, no Ocidente alcançou-se rapidamente os limites técnicos da precária mineração espanhola (mesmo apelando para o uso do processo de mercúrio) e é possível que a mão de obra fosse obrigada a trabalhar até a exaustão, sendo tratada como um objeto de uso[37]. De toda maneira, as exportações de prata americana diminuíram após 1610, aproximadamente. É evidente que no Oriente, eventualmente, as potências coloniais se ajustavam ao novo nível dos custos fixos e talvez até tenham encontrado uma nova fonte de impostos locais como compensação. No Ocidente, a estrutura familiar dos grandes Estados quase feudais surgiu no século XVII[38].

Dado que as bases econômicas do sistema colonial espanhol eram mais simples do que as do português, o resultado das crises deveria ser de maior alcance. Assim, a emigração cedo verificada para a América estimulou, temporariamente, a exportação de produtos do país. No entanto, como muitas das necessidades das colônias passaram a ser localmente satisfeitas, o que inevitavelmente teria de acontecer, as manufaturas espanholas, em expansão, pagaram o preço por isso. A tentativa de limitar o monopólio metropolitano meramente fez com que a situação piorasse, visto que, entre outras coisas, desacelerou o desenvolvimento da economia das plantações, potencialmente revolucionária[39]. Os efeitos do afluxo de metais para a Espanha são demasiado conhecidos para que se precise discutir esse tema. Assim, é compreensível que o fato de o "antigo sistema colonial" atravessar uma profunda crise levasse a que os efeitos dessa crise, recaindo sobre a economia europeia, fossem, em geral, de longo alcance. Na realidade, esse sistema foi substituído por um novo modelo de exploração colonial, baseado na exportação de manufaturas europeias a um ritmo crescente e seguro. (Agindo em grande medida por sua própria conta, os plantadores de açúcar do nordeste do Brasil haviam aberto o caminho para esse modelo desde o final do século XVI). No entanto, a atração dos lucros do velho monopólio era irresistível para aqueles que tinham oportunidade de obtê-los. Mesmo os holandeses se mantiveram resolutamente "antiquados" em seu colonialismo até o século XVIII, embora sua posição como armazenadores de mercadorias na Europa os tivesse salvo das consequências da ineficiência colonial. O antigo colonialismo não se transformou num novo: entrou em colapso e foi substituído.

AS CONTRADIÇÕES DOS MERCADOS INTERNOS

Pode-se dizer quase com certeza que o século XVI esteve mais próximo de criar as condições para uma ampla e real adoção do modo de produção capitalista do que qualquer época anterior; talvez devido à estimulação dada à pirataria no além-mar, talvez devido ao incentivo resultante de uma população e mercado em rápido crescimento e da alta dos preços. (Não é nosso objetivo aqui discutir as razões que fizeram com que esta expansão ocorresse após a "crise feudal" dos séculos XIV e XV).

Uma poderosa combinação de forças, que também incluía grandes interesses feudais[40], ameaçou seriamente a resistência das cidades dominadas pelas guildas. A indústria rural de tipo doméstico (*putting-out*) que havia se especializado principalmente em têxteis, difundiu-se por vários países e por vários setores de produção (por exemplo, os metais), principalmente até o final do período. Apesar disso, a expansão também engendrou seus próprios obstáculos. Consideremos brevemente alguns deles. Talvez com exceção da Inglaterra, não se verificou nenhuma "revolução agrária" de tipo capitalista acompanhando a transformação industrial como ocorreria no século XVIII, embora houvesse grande efervescência no campo.

Voltamos aqui a nos referir ao fato de que a natureza geralmente feudal da estrutura social distorce e diversifica forças que de outra forma poderiam favorecer um desenvolvimento em direção ao capitalismo moderno. Na Europa oriental, onde a transformação agrária assumiu a forma de uma intensificação da servidão por parte dos grandes proprietários exportadores, as condições para esse desenvolvimento foram localmente abafadas, embora possibilitadas em outras partes. A alta dos preços, as revoltas no campo e o aumento da demanda por produtos agrícolas poderiam, em outras áreas, ter levado ao surgimento de uma agricultura capitalista dirigida por aristocratas e camponeses do tipo *kulaks*, numa medida muito maior do que parece ter se verificado[41]. No entanto, que sucedeu? Os nobres franceses (em geral burgueses que haviam obtido um *status* feudal) inverteram a tendência manifesta em meados do século XVI, de independência do campesinato, e recuperaram o terreno perdido[42]. As cidades, os comerciantes e a classe média local investiram em terras devido, em parte, e sem dúvida alguma, à segurança que representava a produção agrícola numa época de inflação; em parte, também, porque o excedente era mais fácil de ser extraído através de uma forma feudal, sua exploração combinando-se de maneira mais eficaz com a usura; em parte, ainda, por uma questão de rivalidade política direta com os feudais[43].

Na realidade, a relação das cidades e seus habitantes como um todo com o campesinato ainda era, como em geral ocorria numa sociedade feudal, a de uma classe especial de senhorio feudal. (Nos cantões dominados por cidades suíças e no interior da Holanda os camponeses só foram realmente emancipados com a Revolução Francesa[44]). Dessa forma, a mera existência do investimento urbano na agricultura ou da influência urbana sobre o campo não implicou a criação de um capitalismo rural. Assim, a difusão da parceria na França, embora teoricamente significasse um passo em direção ao capitalismo, frequentemente produziu, de fato, apenas uma burguesia parasitária que vivia às custas de um campesinato cada vez mais espoliado por ela e pelas crescentes demandas do Estado. Em consequência disso, ela declinaria[45].

A antiga estrutura social ainda predominava. Daí pode haver ocorrido dois resultados. Em primeiro lugar, é pouco provável que houvesse uma grande inovação tecnológica, apesar de o primeiro manual (italiano) sobre rotação de culturas ter surgido em meados do século XVI e apesar de o aumento da produção agrícola não ter se dado dentro do mesmo ritmo que o da demanda[46]. Daí até o final do período, pode-se verificar sinais de diminuição dos lucros e escassez de alimentos em zonas de exportação que utilizavam suas colheitas apenas para satisfazer as necessidades locais, tudo isso como prenúncio de fomes e epidemias do período de crise[47]. Em segundo lugar, a população rural sofria, sujeita à dupla pressão dos proprietários de terra e da cidade (para não mencionar o Estado), sendo muito menos capaz que estes de se defender da guerra e da fome[48]. Em certas regiões a curta visão dessa "ação de esgotamento" pode, na realidade, ter levado a uma tendência declinante na produtividade durante o século XVII[49]. O campo foi sacrificado em benefício do senhor, da cidade e do Estado. Seu espantoso índice de mortalidade – se é que o relativamente próspero Beauvaisis serve como guia – era superado apenas pelo dos trabalhadores domésticos não dependentes, também cada vez mais ruralizados[50]. A expansão dentro dessas condições gerou a crise.

O que ocorreu nos setores não agrícolas dependeu, em grande medida, dos agrícolas. Talvez os custos da manufatura tenham subido indevidamente dada a alta mais rápida dos preços agrícolas em relação aos industriais, reduzindo assim a margem de lucros dos fabricantes[51]. (Não obstante, os fabricantes se utilizavam cada vez mais da mão de obra barata dos trabalhadores rurais não dependentes que eram, novamente, explorados ao limite máximo). O mercado também enfrentava dificuldades. O mercado rural, em seu conjunto, mostrara-se insatisfatório. Muitos dos camponeses proprietários se beneficiaram com a alta de preços e com a crescente demanda de seus produtos, desde que possuíssem terra suficiente que lhes garantisse a sobrevivência, mesmo nos anos difíceis, um excedente regular para venda e uma boa cabeça para negócios[52]. No entanto, embora esses pequenos proprietários tivessem passado a comprar muito mais que antes, mesmo assim compravam menos que os homens da cidade de igual posição, continuando a ser mais autossuficientes[53]. A experiência da França no século XIX demonstra que o campesinato de nível médio e superior representa um mercado pouco estimulante para a manufatura em massa, não sendo suficiente para encorajar os capitalistas a revolucionar a produção. Suas exigências são tradicionais: a maior parte de sua renda é investida em mais terra ou gado, em novas provisões ou construções, ou mesmo num evidente desperdício, como casamentos dignos de Gargântua, funerais e outras cerimônias que perturbavam os preços continentais no século XVI[54]. O aumento da demanda por parte dos setores não agrícolas (cidades, mercado de luxo, demanda governamental, etc.) pode ter mascarado durante certo tempo o fato de que a demanda crescia menos rapidamente que a capacidade produtiva ou o fato de que a persistente diminuição da renda real dos assalariados pode, na realidade, de acordo com Nef, ter detido o crescimento da demanda por alguns produtos industriais[55]. No entanto, a queda verificada nos mercados de exportação, a partir da década de 1610, colocou em evidência essa circunstância.

Naturalmente, uma vez iniciado o declínio, houve um fator adicional que aumentou as dificuldades da manufatura: a alta do custo da mão de obra. Há provas de que – pelo menos nas cidades – o poder de barganha dos trabalhadores aumentou notoriamente durante a crise, talvez devido à queda ou estagnação da população urbana. De qualquer maneira, os salários reais subiram na Inglaterra, Itália, Espanha e Alemanha e até metade do século foram criadas organizações de trabalhadores na maioria dos países ocidentais[56]. Isso pode não ter afetado o custo da mão de obra nas indústrias domésticas, já que seus trabalhadores encontravam-se numa posição mais frágil para poder tirar proveito da situação, e também dado o fato de que seus salários podiam ser facilmente reduzidos. Por outro lado, a diminuição do aumento populacional e a estabilização de preços deve ter contribuído para abater ainda mais as manufaturas.

Estes diversos aspectos da crise podem ser reduzidos a uma única fórmula: a expansão econômica se verificou dentro de um quadro social que não era ainda suficientemente forte para eclodir e, de certa forma, adaptou-se mais a esse quadro que ao mundo do capitalismo moderno. Os especialistas do período jacobino precisam determinar que fator realmente precipitou a crise: o declínio da prata americana, o colapso do mercado báltico ou algum outro dos vários possíveis fatores. Uma vez aberta uma brecha, toda a instável estrutura estava fadada a ser abalada. Na realidade, a estrutura foi abalada e, no período posterior de crise econômica e agitação social, verificou-se o decisivo deslocamento da empresa capitalista adaptada a um quadro predominantemente feudal para a empresa capitalista transformadora do mundo de acordo com seus próprios padrões. A Revolução na Inglaterra constituiu, assim, o incidente mais dramático da crise e, ao mesmo tempo, sua encruzilhada. "Esta nação", escreveu Samuel Fortrey em 1663 em *England's Interest and Improvement* "não pode esperar menos do que chegar a ser a maior e a mais florescente de todas as nações". Podia e chegou; e os efeitos disso sobre o mundo haveriam de ser enormes.

UMA NOTA SOBRE A HISTÓRIA DOS PREÇOS

As alterações de preço a longo prazo foram deliberadamente deixadas de lado visto que outras discussões sobre desenvolvimento econômico a longo prazo enfatizam muito este aspecto; talvez até em demasia. No entanto, o movimento dos preços merece um comentário.

O ponto de vista tradicional, como apresentado por Simiand e aceito por Labrousse e outros, é o de que a grande alta dos preços teve fim por volta de 1640, seguindo-se a ela uma queda dos preços ou flutuações dentro de uma tendência à estabilidade até o segundo quartel do século XVIII. Essa colocação parece demasiado simplista. Há evidências de alteração na tendência dos preços entre 1605 e 1620; na Espanha, por exemplo, ocorreu isso com o preço do trigo. Cipolla também observou que os preços em Milão deixaram de aumentar lentamente dessa época até 1630. (*Mouvements monétaires dans l'état de Milan 1580-1700*, 1952). Hamilton mostra que a importação do metal precioso da América atingiu seu auge em 1590-1610, embora tenha prosseguido bastante bem até 1620 aproximadamente (*American Treasure*, 35). Se os preços continuaram a subir até 1640 (ou 1635, que parece ter sido o ponto crítico na Itália), isso se deu principalmente devido à adulteração da cunhagem, à escassa demanda de bens durante a Guerra dos Trinta Anos ou a uma combinação de ambos. Assim, não é improvável que, apesar da guerra, o período de queda de preços ou estabilidade dos mesmos, tenha tido início em 1610-20. O fim da guerra intensificou a crise que, sem dúvida alguma, atingiu sua fase mais aguda (e os menores preços) na década de 1660 e no início de 1670. Os efeitos da drástica deflação do pós-guerra podem ser estudados na Suíça, um país que lucrou com a guerra e onde a deflação levou à guerra camponesa de 1653. O movimento dos preços foi, evidentemente, diferente de acordo com as regiões e os produtos e alguns fenômenos locais ou setoriais ainda não estão bem estudados. É impossível tentar aqui explicá-los. No entanto, em geral, os movimentos seculares de preços correspondem bastante bem aos períodos de crise, como é discutido no texto.

Até aqui tentei delinear evidências que comprovassem a existência de uma "crise geral" da economia europeia no século XVII e sugerir algumas razões para ela ter existido. Argumentei que a crise ocorreu devido, principalmente, ao fracasso em superar certos obstáculos gerais que ainda impediam o desenvolvimento completo do capitalismo. Sugeri também que a própria "crise" criou as condições que tornariam possível a revolução industrial. Agora, pretendo discutir as formas em que isso pode ter ocorrido, isto é, a consequência da crise.

Talvez valha a pena lembrar que o período de dificuldade teve a duração de cerca de um século – aproximadamente de 1620 a 1720. Depois disso, o quadro geral é mais auspicioso. Os problemas financeiros da época de guerras estavam mais ou menos resolvidos, às custas de numerosos investidores, na Inglaterra e na França, por meio de dispositivos como o *South Sea Bubble* e o *Law's System*. A peste, se não a fome, desapareceu da Europa ocidental depois da epidemia de Marselha em 1720-1. Em toda parte verificava-se um aumento da riqueza, do comércio e da indústria, assim como da população e da expansão colonial. Vagaroso a princípio, o ritmo da transformação econômica tornou-se precipitado a partir de algum momento entre 1760 e 1780. Começara o período da Revolução Industrial. Havia realmente, como veremos, sinais de uma "crise de crescimento" na agricultura, na economia colonial e em outros aspectos, a partir do terceiro quartel do século XVIII, mas seria impossível escrever a história do século XVIII em termos de uma "fase de contração", como o fez recentemente um historiador, falando do século XVII[57].

Entretanto, se o argumento de que os obstáculos fundamentais ao desenvolvimento do capitalismo desapareceram em algum momento do século XVII é correto, podemos perguntar, com razão, por que a revolução industrial só entrou em sua força máxima no final do século XVIII. O problema é bastante real. Na Inglaterra, pelo menos, é difícil escapar à impressão de que o tempestuoso ritmo do desenvolvimento econômico no final do século XVII "devia" ter provocado a revolução industrial muito antes. O hiato entre Newcomen e James Watt, entre o momento em que os Darbys de Coalbrookdale descobriram como fundir com carvão e o momento em que o método se generalizou, é realmente muito longo. É significativo que, em 1701, a Royal Society se queixasse de que "a negligência desanimadora dos poderosos, a impetuosa oposição dos ignorantes, e as reprovações dos insensatos, os tivessem frustrado, infelizmente, em seu projeto de perpetuar uma série de invenções úteis"[58]. Mesmo em alguns outros países há sinais de transformações econômicas na década de 1690 que não levam a nada, por exemplo, as inovações agrícolas na Normandia e no sudoeste da França[59]. Além disso, paira um certo mal-estar sobre a agricultura inglesa – e talvez também sobre algumas indústrias – durante as décadas de 1720 e 30[60]. No terreno intelectual, existe um hiato análogo. Este artigo não pretende tratar desse problema. Ele certamente deve ser resolvido se queremos ter uma compreensão realmente adequada do processo de desenvolvimento econômico moderno e das origens da Revolução Industrial, mas o espaço impede qualquer tentativa, por mais superficial, de discuti-lo aqui.

AS CONDIÇÕES DO DESENVOLVIMENTO ECONÔMICO

Os obstáculos à revolução industrial eram de dois tipos. Em *primeiro* lugar, como se argumentou, a estrutura econômica e social das sociedades pré-capitalistas simplesmente não lhe deixava campo de ação suficiente. Tinha que acontecer algo como uma revolução preliminar, para desencadear as transformações que a Inglaterra sofreria entre 1780 e 1840. Naturalmente, isto tinha começado muito tempo antes. Devemos considerar até que ponto a crise do século XVII adiantou-a. Entretanto, existe um *segundo* problema, embora mais especializado. Mesmo se removermos os obstáculos gerais à revolução industrial, não temos como resultado imediato uma sociedade de máquinas e fábricas. Entre 1500 e 1800, muitas indústrias desenvolveram métodos destinados a expandir a produção rápida e ilimitadamente, mas com técnica e organização bastante primitivas. Por exemplo: os produtores de artigos de metal de Birmingham, os fabricantes de armas de Liège, os cuteleiros de Sheffield ou Solingen. Essas cidades produziam suas mercadorias características em 1860, quase da mesma maneira que em 1750, embora em quantidades muito maiores e com o emprego de novas fontes de energia. O que temos que explicar, portanto, não é apenas a ascensão de *Birmingham* com suas indústrias de artesanato subdivididas, mas especificamente a ascensão de *Manchester* com suas fábricas, pois foram Manchester e outras do mesmo tipo que revolucionaram o mundo. Quais foram as condições que, no século XVII, contribuíram não apenas para eliminar os obstáculos gerais, mas para produzir as condições que deram origem a Manchester?

    Seria surpreendente descobrir que as condições para o desenvolvimento da moderna economia industrial surgiram em toda parte na Europa dos séculos XVII a XVIII. O que devemos demonstrar é que, como resultado das transformações do século XVII, elas se desenvolveram em uma ou duas áreas suficientemente grandes e economicamente efetivas – o bastante para servir de base a uma posterior revolução mundial. Isso é muito difícil. Talvez não seja possível uma demonstração definitiva, enquanto não tivermos mais informações quantitativas sobre o período do que as que temos hoje. É ainda mais difícil porque sobre as áreas mais vitais da economia – produção agrícola e manufatureira propriamente ditas – nós não só sabemos muito pouco, como ainda carecemos daqueles marcos revolucionários que incentivem o historiador da revolução industrial em seu caminho: fiações, teares mecânicos, ferrovias. Assim, o historiador economista do nosso período pode ter a forte impressão de que "em certo momento, por volta da metade do século XVII, a vida europeia estava tão completamente transformada em muitos de seus aspectos, que é comum considerarmos aquele momento como uma das grandes linhas divisórias da história moderna"[61]. Contudo não consegue prová-lo conclusivamente.

O SÉCULO XVII,
UM PERÍODO DE CONCENTRAÇÃO ECONÔMICA

    O principal argumento deste artigo pode ser resumido da seguinte maneira: a crise do século XVII resultou numa considerável concentração do poder econômico. Nisso ela foi diferente, acredito, da crise do século XIV, que teve – pelo menos durante algum tempo – o efeito oposto. Isso pode indicar que a antiga estrutura da sociedade europeia já tinha sido consideravelmente minada, pois é defensável a ideia de que a tendência normal de uma sociedade puramente feudal, quando em dificuldades, é voltar a uma economia de pequenos produtores locais – por exemplo, camponeses –, cujo modo de produção sobrevive facilmente ao colapso de uma elaborada superestrutura de agricultura e comércio senhoriais[62]. Direta e indiretamente, essa concentração serviu aos fins da futura industrialização, embora, naturalmente, ninguém pretendesse que ela o fizesse. Serviu diretamente, por meio do fortalecimento da indústria "doméstica", às custas da produção artesanal, e das economias "avançadas", às custas das "atrasadas" e da aceleração do processo de acumulação de capital. Indiretamente, ajudando a resolver o problema de se obter um excedente de produtos agrícolas, e de outras maneiras. Obviamente, este não foi um processo panglossiano, em que tudo era feito com a melhor das intenções, no melhor dos mundos. Muitos dos resultados da crise foram simples desperdícios, ou até regressão, quando considerados do ponto de vista de uma eventual revolução industrial. Nem foi um processo "inevitável", a curto prazo. Se a Revolução Inglesa tivesse fracassado, por exemplo, como tantas outras revoluções no século XVII fracassaram, é perfeitamente possível que o desenvolvimento econômico pudesse ter sido bastante retardado. Apesar disso, seu efeito líquido foi economicamente progressista.

Embora esta generalização possa ser contestada – como todas as generalizações – há poucas dúvidas de que a concentração econômica tenha ocorrido de várias formas, a Leste assim como a Oeste, em condições de expansão, contração e estagnação. No campo, os grandes proprietários de terras lucravam às custas dos camponeses e pequenos proprietários na Inglaterra da Restauração como na Europa oriental. (Se considerarmos as cidades como formas especiais de senhorios feudais, tem-se a impressão de que a concentração é ainda mais forte no continente). Nas áreas não industriais as cidades se beneficiavam às custas do campo, seja como resultado de sua maior imunidade em relação a senhores, a soldados e à fome, seja por outros fatores[63]. Medidas administrativas – como os impostos sobre o consumo, na Prússia – podiam intensificar este processo, mas não eram inteiramente responsáveis por ele. As áreas da Europa oriental onde as cidades, assim como os pequenos proprietários e os camponeses, declinavam sob a pressão dos magnatas, são uma exceção que apenas confirma o quadro geral de concentração. Dentro das cidades a riqueza também pode ter se concentrado, onde os senhores não eram suficientemente fortes para tomar os antigos direitos da cidade de explorar o campo, como fizeram na Europa oriental[64]. Nas áreas industriais temos o que Espinas chamou de "dupla orientação da produção em pequenos e grandes centros"[65], isto é, a substituição do trabalho rural não dependente, controlado pelos grandes grupos comerciais, nacionais ou estrangeiros, pelos artesanatos urbanos de tamanho médio. Temos também um certo reagrupamento de indústrias que às vezes podem ser consideradas como concentração, por exemplo, onde as manufaturas especializadas para um mercado nacional ou internacional cresceram em áreas determinadas, ao invés de manufaturas mais amplas para mercados regionais[66]. Em toda parte as grandes cidades metropolitanas cresciam às custas da cidade, do campo, ou de ambos. Internacionalmente, o comércio concentrou-se nos Estados marítimos, e dentro destes, por sua vez, as capitais tendiam a predominar. O poder crescente dos Estados centralizados também contribuiu para a concentração econômica.

AGRICULTURA

Quais foram os efeitos desse processo na agricultura? Vimos que existem provas de que no final do século XVI e no início do XVII a expansão do excedente agrícola para o mercado era inferior à do consumo não agrícola. A longo prazo, o grande excedente essencial ao desenvolvimento de uma moderna sociedade industrial devia ser alcançado principalmente através da revolução técnica – isto é, aumentando a produtividade e estendendo a área cultivada, através de uma agricultura capitalista. Só assim a agricultura poderia produzir não apenas o excedente de alimentos necessários às cidades – sem mencionar certas matérias-primas industriais – mas também trabalho para a indústria. Nos países desenvolvidos, especialmente nos Países Baixos e na Inglaterra, há muito tempo eram visíveis os sinais da revolução agrícola, e a partir da metade do século XVII eles se multiplicam. Encontramos também um aumento crescente no cultivo de espécies novas e pouco comuns como *milho, batatas* e *fumo*, que podem ser consideradas como as espécies da revolução agrícola. Até a metade do século XVII, o milho só era cultivado no delta do Pó (a partir de 1554); logo depois difundiu-se para a Lombardia e o Piemonte. O cultivo do arroz na Lombardia cobria cinco mil hectares em 1550; em 1710 cobria mais de 150 mil, aproximadamente o espaço cultivado atualmente, e apenas 3/8 abaixo do máximo atingido em 1870. O cultivo do milho e do algodão certamente chegou aos Balcãs. As batatas parecem ter feito um grande avanço na Irlanda e talvez no norte da Inglaterra, por volta de 1700, embora virtualmente não fossem cultivadas em outros lugares[67]. No entanto, seria imprudente concluir que a inovação técnica contribuiu muito para a produção agrícola antes da metade do século XVIII – novamente Inglaterra e Países Baixos podem ser exceções, assim como as áreas de cultivo de milho – ou que ela se estendeu muito além da horticultura que, como observou Meuvret, prestava-se facilmente às experiências técnicas[68]. Não é certo que em muitas regiões da Europa a área cultivada em 1700 tenha sido muito maior do que em 1600.

Não é absolutamente claro exatamente o que ocorreu na Europa ocidental, embora se saiba que a Inglaterra exportou cereais, cada vez mais, a partir do final do século XVII. Pareceria, a julgar pelo que sabemos da França, que a crescente demanda de grandes mercados de alimentos, como Paris, era atendida (a) utilizando as reservas de áreas agrícolas proverbialmente mais ricas mas que não tinham sido aproveitadas ao máximo em tempos normais, e (b) "invadindo" cada vez mais as propriedades de outras cidades[69]. Como não há evidências óbvias de aumentos na produtividade, poder-se-ia concluir que isso tenha significado, em última análise, ou uma transferência de produtos de menor rendimento por acre para produtos de maior rendimento (por exemplo, de gado para cereais), ou uma simples transferência de algumas pessoas – provavelmente os miseráveis camponeses – por outras. Existem algumas provas de que os camponeses foram forçados a dieta pior, vendendo seu trigo no mercado, pelo menos no sul, que nunca tinha tido muito excedente de alimentos. Há também indicações de um declínio no padrão da dieta na Inglaterra, no final do século XVII[70].

O que ocorreu na Europa central e oriental é bem mais claro.

O desenvolvimento de uma economia de propriedades com mão de obra servil foi tão acelerado e acentuado no século XVII, que pode ser considerado o marco na decisiva vitória da nova servidão, ou mais precisamente dos grandes possuidores de servos ("magnatas"), sobre a pequena nobreza e a *gentry*. Não é preciso discutir quanto dessa ressurreição do feudalismo se devia à crescente demanda dos mercados exteriores de alimentos – internamente ou no estrangeiro –, e quanto a outros fatores[71]. De qualquer maneira, numerosos fatores concorreram para aumentar o poder econômico e político dos magnatas, que eram ao mesmo tempo os mais efetivos e os maiores transformadores de camponeses em servos. Com raras e transitórias exceções – a política para os camponeses da monarquia sueca no Báltico, no fim do século, pode ser uma dessas exceções[72] –, mesmo as monarquias absolutistas eram incapazes de (e não desejavam) interferir nesse aumento. De fato, elas tendiam a promovê-lo, porque sua vitória sobre as grandes propriedades e instituições semelhantes geralmente significava o enfraquecimento dos nobres menores e das cidades, e o relativo fortalecimento dos pequenos grupos de magnatas que se reuniam em torno da Corte governante, o que, em geral, pode ser considerado um mecanismo para distribuir a renda tributável do país entre eles, de uma ou de outra forma. De qualquer maneira, como na Rússia e na Prússia, o poder do monarca no Estado às vezes era comprado pela renúncia a toda interferência com o poder do senhor em sua propriedade. Onde o poder real estava desaparecendo, como na Polônia, ou declinando, como na Turquia (onde os feudos não hereditários concedidos como pagamento a serviços militares cederam lugar às propriedades feudais hereditárias), a tarefa do senhor era de qualquer forma ainda menos complicada.

A decisiva vitória da propriedade com mão de obra servil não provocou um aumento da produtividade, mas conseguiu criar, pelo menos durante algum tempo, um grande conjunto de produtos agrários potencialmente vendáveis, e, à medida que o tempo passava, de fato vendidos. Em *primeiro* lugar, nas áreas mais primitivas como os Balcãs e as zonas fronteiriças orientais, isso podia obrigar os camponeses a permanecer dentro da economia ao invés de escapar através da migração ou do nomadismo[73], e cultivar produtos de exportação e não de subsistência, ou passar de uma economia de laticínios para uma de cultivo da terra. Esta última mudança também foi incentivada pela Guerra dos Trinta Anos, na Boêmia e outros lugares[74]. O exemplo da Irlanda do século XVIII demonstra que a simples transferência de gado para campos cultivados pôde ter, durante algum tempo, o efeito de uma revolução agrícola. Em *segundo* lugar, a propriedade feudal podia se tornar cada vez mais uma *"Gutsherrschaft"*, carreando benefícios da venda de produtos agrícolas produzidos por servos, ao invés de uma *"Grundherrschaft"* baseada na entrada de dinheiro ou de produtos de camponeses dependentes. As propriedades se diferenciavam na medida em que agissem dessa maneira; 69% da renda de algumas propriedades tchecas em 1636-7 vinha de lucros com suas próprias terras, mas só uns 40 ou 50% desse tipo de lucro eram encontrados em algumas propriedades no leste da Alemanha na metade do século XVIII[75]. Podemos supor, no entanto, que a transferência de propriedades de pequenos para grandes proprietários aumentaria seus lucros na exploração porque, com o nível notadamente baixo da agricultura de mão de obra servil, apenas um senhor realmente grande podia descobrir que os lucros de dirigir sua propriedade como uma fábrica de cereais compensavam o problema de organização e supervisão de enormes bandos de servos não predispostos ao trabalho. Nas proximidades dos portos exportadores, os comerciantes podiam convencer os senhores a ingressar numa economia exportadora, ou podiam forçá-los a fazê-lo emprestando-lhes dinheiro contra a promessa de venda de cereais, como em Livônia[76].

Devemos admitir que isto não bastava para resolver o problema do crescimento capitalista. A economia de mão de obra servil era muito ineficiente. O simples fato do trabalho ser forçado a prendia à utilização menos eficiente possível da terra e da força humana. Depois que uma área tivesse sido completamente "servilizada" e o trabalho forçado intensificado ao máximo – digamos cinco a seis dias por semana[77] –, a produção se estabilizava, a menos que se pudesse "servilizar" outras áreas. Mas as dificuldades de transporte impunham limites. A expulsão dos turcos podia abrir as terras no interior aos portos do Mar Negro, mas – para citar um exemplo óbvio – a Sibéria ocidental ainda estava destinada a permanecer inacessível. Assim, logo que os limites efetivos da agricultura de mão de obra servil foram alcançados, ela entrou em um período de crise. A partir da década de 1760, este fato foi reconhecido e, em certa medida, refletiu-se nos projetos do despotismo esclarecido[78]. A economia de mão de obra servil se transformou entre 1760 e 1861. Esta transformação nos leva para além dos limites de nosso período e, portanto, não pode ser considerada neste artigo. O que importa para os nossos fins é que a passagem para a economia com mão de obra servil coincidiu com a crise do século XVII, e talvez tenha entrado em sua etapa decisiva depois da Guerra dos Trinta Anos – por volta de 1660[79].

Os modos como a crise acelerou essa passagem são claros. Nessas circunstâncias, praticamente qualquer acontecimento exterior – uma guerra, um período de fome, a implantação de novos impostos – debilitava o camponês (e com ele a estrutura agrária tradicional) e fortalecia os que o exploravam. A crise, por outro lado, incentivou todos os exploradores – proprietários, classe média provinciana, Estado no Oeste, senhor e Estado no Leste – a se salvarem às custas do camponês. Além disso, já se disse que o declínio do comércio e da vida urbana em algumas regiões do continente teria encorajado os ricos a investir capital em terras, levando assim a exploração a outros lugares; como o fez a queda dos preços agrícolas. Talvez valha a pena observar que esse investimento não deve ser confundido com o investimento para melhorias na agricultura, como nos séculos XVIII e XIX. Normalmente, ele significava apenas investimento no direito de arrochar ainda mais a vida do camponês.

INDÚSTRIA E MANUFATURAS

O principal resultado da crise do século XVII sobre a organização industrial consistiu na eliminação do artesanato – e, conjuntamente, das cidades artesanais – da produção em grande escala, e o estabelecimento do sistema "doméstico", controlado por homens com horizontes capitalistas e executado por uma mão de obra rural facilmente explorável. Não faltam indícios de desenvolvimentos industriais mais ambiciosos, como "fábricas" e outros estabelecimentos semelhantes, especialmente na última terça parte do século e em indústrias de mineração, metalurgia e fabricação de navios. Estas últimas exigiam uma atividade em escala razoavelmente grande, mas mesmo sem elas as transformações industriais são notáveis. O tipo "doméstico" (uma etapa variável do desenvolvimento industrial) tinha se desenvolvido em certas indústrias têxteis na parte final da Idade Média, mas como norma geral a transformação do artesanato em indústrias "domésticas" começou a ocorrer seriamente durante o auge dos fins do século XVI[80]. O XVII é evidentemente o século em que esses sistemas se estabeleceram decisivamente[81]. Também neste caso, a metade do século parece assinalar uma espécie de linha divisória: por exemplo, a exportação em grande escala de armas pequenas de Liège começou depois da década de 1650[82]. Isso era de se esperar. As indústrias rurais não sofreram com os altos custos, como as urbanas, e em geral o pequeno produtor local de mercadorias baratas – por exemplo, os "novos panos" – conseguia aumentar suas vendas, enquanto os produtos caros e de alta qualidade das antigas indústrias exportadoras – como as fazendas enfestadas e os tecidos italianos – perdiam seu mercado. O tipo "doméstico" possibilitou a concentração regional da indústria, que não era possível dentro dos estreitos limites da cidade, porque ficou mais fácil a expansão da produção. Mas a crise fomentou esta concentração regional, porque só ela – por exemplo, a concentração da manufatura europeia da folha de flandres na Saxônia[83] – podia permitir a sobrevivência da produção em grande escala quando os mercados locais eram pequenos e os de exportação não se ampliavam. (O caso dos países com um mercado desenvolvido será considerado mais adiante). O aspecto negativo desse desenvolvimento era que, em geral, permitia que as cidades se transformassem em pequenas ilhas de autossuficiência e de estagnação técnica, com uma dominação do artesanato mais rígida do que antes[84]. Ou seja, como as pessoas não conseguiam viver dos restos de outras esse desenvolvimento fazia com que as cidades vivessem cada vez mais às custas dos campos próximos ou do trânsito comercial. Incidentalmente, isso pode ter contribuído para que algumas frações da classe média provinciana acumulasse capital, mas isto não é certo. O aspecto positivo era que o trabalho "doméstico" constituía um dissolvente bastante eficiente da tradicional estrutura agrária, e fornecia um meio rápido de crescimento da produção industrial antes da adoção do sistema fabril.

Por outro lado, o desenvolvimento em grande escala do tipo doméstico em geral depende de – ou pelo menos implica – uma considerável concentração do controle comercial e financeiro. O ferreiro local pode esperar colocar suas mercadorias no mercado local. Uma comunidade especializada de ferreiros, produtores de foices para um mercado de exportação que se estendia da Europa central à Rússia – como os estíos – depende dos comerciantes exportadores em alguns centros comerciais, que em geral são bem poucos[85]. (Depende, também, evidentemente, de toda uma hierarquia de intermediários). Assim, o tipo de trabalho "doméstico" também podia aumentar a acumulação de capital em alguns centros de riqueza.

A ACUMULAÇÃO DE CAPITAL

A concentração, portanto, contribuiu para aumentar a acumulação de capital de várias maneiras. Entretanto, o problema de suprimento de capital nos períodos que precederam a revolução industrial era duplo. Por um lado, a industrialização exigia provavelmente uma acumulação preliminar de capital muito maior do que a que o século XVI conseguia obter*. Por outro lado, exigia investimentos nos lugares adequados – onde aumentavam a capacidade produtiva. A concentração, isto é, a crescente distribuição desigual das riquezas dentro de cada país, aumentava quase automaticamente a capacidade de acumular, mas não nos lugares onde a crise provocou um empobrecimento geral. Além disso, como veremos adiante, a concentração em favor das economias marítimas, com seu novo mecanismo, especialmente eficiente para acumulações de capital (obtido, por exemplo, pelas empresas comerciais no estrangeiro e nas colônias), estabeleceu as bases para uma acumulação acelerada, semelhante à que encontramos no século XVIII. *Não* aboliu automaticamente o mau investimento. Mas, como vimos, foi o mau investimento, e não o investimento insuficiente, a principal dificuldade e uma das causas que contribuíram para a precipitação da crise do século XVII. E os maus investimentos também não terminaram. Em muitas partes da Europa, a crise desviava a riqueza para as aristocracias e burguesias provincianas, que estavam longe de utilizá-la produtivamente. Além disso, mesmo a redistribuição

---

* Argumenta-se às vezes que o caráter barato e fragmentário das primitivas indústrias – por exemplo, as fiações de algodão – permitia que fossem financiadas com pequeno capital inicial e com reinversão de lucros. O exemplo é enganoso. Devemos considerar não apenas o investimento necessário para colocar em andamento a firma em si, mas o investimento total necessário para dar um começo rápido a uma economia industrial: estradas, canais, ancoradouros, embarcações, construções de todo tipo, investimentos na agricultura, minas, etc. Na realidade, a industrialização rápida não necessita apenas desse equipamento inicial, mas de contínuos investimentos do mesmo tipo. Isto dá à economia que tem reservas acumuladas (como a da Inglaterra do século XVIII) uma grande vantagem sobre a economia que não as tem (como a da Áustria do século XVIII). É comum também as pessoas se esquecerem de que todos os governos, em fins do século XVIII, tentaram industrializar seus países, mas poucos conseguiram.

de capital em favor das economias marítimas podia produzir o mau investimento, embora de outro tipo: por exemplo, o desvio de capital da indústria e da agricultura para a exploração colonial e para o comércio e as finanças ultramarinos. A Holanda constitui o exemplo clássico desse desvio, embora ele também tenha ocorrido na Inglaterra do século XVIII.

A crise, portanto, não produziu nenhum mecanismo *automático* que permitisse investir capital nos lugares adequados. Mas produziu duas formas indiretas de fazê-lo. *Primeiro*, nos países continentais, as empresas governamentais das novas monarquias absolutas fomentaram as indústrias, as colônias e a exportação, que de outra maneira não teriam florescido, como na França de Colbert – expandindo ou salvando a mineração e a metalurgia do colapso[86] – e estabelecido as bases para indústrias nos lugares onde o poder dos senhores do sistema servil e a debilidade ou o parasitismo das classes médias as inibiam. *Segundo*, a concentração de poder nas economias marítimas indiretamente incentivou muito o investimento produtivo. Assim, o fluxo crescente de comércio colonial e estrangeiro, estimulou, como veremos adiante, as indústrias e agriculturas nacionais que o abasteciam. As exportações locais podem ter sido, na opinião dos grandes interesses comerciais holandeses ou ingleses, apenas um suplemento para a reexportação de bens estrangeiros (especialmente coloniais), mas seu desenvolvimento não deixou de ter certa importância. Além disso, é possível que o virtual monopólio holandês do comércio internacional tenha levado algumas áreas rivais (porém menos triunfantemente "burguesas") a investir localmente muito mais capital do que teriam investido se tivessem tido as oportunidades dos holandeses. Assim, parece que houve uma grande quantidade de investimentos locais na Inglaterra, entre 1660 e 1700, que se refletem no desenvolvimento extremamente rápido de muitas indústrias inglesas. No início do século XVIII essa velocidade se reduziu. O período inativo das décadas de 1720, 30 e 40, que estudamos anteriormente, pode, portanto, ser devido, em parte, ao desvio de capital de ultramar que sucedeu aos extraordinários êxitos da Inglaterra nas guerras de 1689-1714. Todavia, a base do futuro avanço industrial já tinha sido estabelecida.

O APARATO COMERCIAL E FINANCEIRO

Pouco é necessário dizer sobre as transformações do aparato comercial e financeiro, ocorridas durante o período da crise. Essas mudanças são mais óbvias na Europa do norte (onde as finanças públicas foram revolucionadas), especialmente na Inglaterra. Não é necessário discutir até que ponto essas mudanças – que foram, de fato, a adoção por parte dos países do norte dos métodos e instrumentos há muito conhecidos por outros povos, como os italianos – se deveram à própria crise.

Nem é necessário discutir o efeito da crise sobre o crescimento do que se costumava chamar de "espírito capitalista" e que se conhece hoje por "habilidade empresarial". Não há provas de que as extravagâncias autônomas de estado de espírito dos homens de negócios sejam tão importantes como a escola alemã acreditava e como uma escola norte-americana acredita atualmente. Na primeira parte deste artigo sugeri algumas das razões desta afirmação.

Devemos examinar agora o problema específico da origem da revolução industrial. A concentração e a redistribuição podem ter estabelecido as bases para um avanço posterior, mas não explicam por si mesmas sua natureza precisa. Porque, se delas devesse surgir a industrialização, esta tinha que produzir duas formas peculiares de expansão. *Primeiro,* tinha que fomentar as manufaturas nos países com base "capitalista" mais forte e em escala suficiente para revolucionar (gradualmente) o resto do mundo. Segundo, tinha que estabelecer a supremacia da produção sobre o consumo, o que constitui um pré-requisito fundamental para a indústria capitalista.

O CASO HOLANDÊS

O primeiro ponto é simples. Assim, o desenvolvimento das manufaturas num país como a Rússia, embora anunciasse e preparasse a dissolução final do feudalismo, foi ali de fato absorvido, durante este período, pela estrutura feudal geral. Os metalúrgicos dos Urais não eram proletários, mas um tipo especial de servos. Empresários potencialmente capitalistas como os Stroganovs, Demidovs ou Yakovlevs tornaram-se tipos especiais de senhores do sistema servil[87]. A indústria russa não se desenvolveu, por fim, como uma extensão dessas empresas, mas sobre suas ruínas. Mas os maiores beneficiários da concentração do século XVII, os *holandeses,* tinham em muitos aspectos uma economia de "negócio feudal"[88] – uma Florença, Antuérpia ou Augsburgo numa escala seminacional. Essa economia sobreviveu e floresceu, açambarcando a reserva mundial de certos bens escassos e grande parte dos negócios mundiais, como intermediária comercial e financeira. Os lucros holandeses não dependiam muito da manufatura capitalista. Daí que, a curto prazo, a economia holandesa prestou um desserviço, até certo ponto, à industrialização: à sua própria, porque sacrificou manufaturas holandesas (até 1816) aos imensos interesses estabelecidos do comércio e das finanças; e à industrialização do resto da Europa, porque incentivou as manufaturas nas áreas feudais e semicoloniais onde elas não eram suficientemente fortes para sair da antiga estrutura social – Silésia ou Alemanha Ocidental. Na Bélgica e na Inglaterra aconteceu o oposto. Assim, os belgas compensaram a perda de comércio e finanças para os holandeses no fim do século XVI, desenvolvendo a produção industrial e, consequentemente, tornando-se uma grande potência industrializada diante da Holanda. Contra o livre comércio e a política de paz dos holandeses, a Inglaterra manteve medidas belicosas discriminatórias e protecionistas garantidas por guerras agressivas de mercados. O futuro industrial parecia mais próximo para os estados "modernos" como a Inglaterra, do que para os "antiquados", como as Províncias Unidas.

De maneira indireta, evidentemente, a atividade dos holandeses ajudou a acelerar o desenvolvimento industrial. Eles possuíam um aparato extremamente poderoso, tanto para dissolver economias e sociedades feudais, quanto para levá-las mais eficazmente à economia internacional. Além disso, a simples existência de um imenso mecanismo para o comércio e finanças em geral, que estava à disposição de todos, ajudou as economias mais progressistas. O fato de que os holandeses, principais beneficiários imediatos da crise, tivessem conseguido açambarcar tão grande parte do comércio mundial, fazia com que seus rivais e sucessores fizessem a mesma coisa com facilidade. Dessa forma, podemos falar não apenas da rivalidade entre Holanda e Inglaterra, mas também da simbiose anglo-holandesa. O auge do êxito comercial holandês, de fato, coincidiu com a ascensão de seus rivais, entre 1675 e 1725[89], da mesma forma que o período de máxima prosperidade inglesa no século XIX, entre 1850 e 1873, foi também o do desenvolvimento mais rápido dos futuros competidores da Inglaterra. A tendência ao monopólio, introduzida no comércio pelos holandeses, também pode ter sido importante sob outro aspecto. Seria possível duvidar que antes do século XIX o mercado mundial fosse suficientemente grande para a industrialização simultânea de dois ou mais países em escala moderna. (De fato, sabemos que a industrialização inglesa coincidiu com o açambarcamento, por parte da Inglaterra, de virtualmente todos os mercados mundiais de certos produtos manufaturados, e o controle da maioria das áreas coloniais do mundo). A concentração holandesa, portanto, foi extremamente importante, mas não nos deveria levar, como consequência, a exagerar a "modernidade" dos holandeses. Se as únicas economias "capitalistas" existentes no século XVII tivessem sido como a holandesa, poderíamos duvidar que o posterior desenvolvimento do capitalismo industrial tivesse sido tão grande ou tão rápido.

AS CONDIÇÕES PARA A REVOLUÇÃO INDUSTRIAL

O segundo ponto é igualmente evidente. Se a indústria algodoeira de 1760 tivesse dependido inteiramente da demanda real de fazendas de pano então existente; as ferrovias, da demanda real de 1830; a indústria de motores, da demanda de 1900; nenhuma dessas indústrias teria passado por uma revolução técnica. Pelo contrário, poderia ter se desenvolvido como o comércio de construção, que flutua mais ou menos segundo a demanda real, às vezes um pouco à frente e às vezes um pouco atrasado, mas nunca – até o presente – impulsionado ao ponto de uma extensa comoção técnica. A produção capitalista, portanto, tinha que encontrar *as formas de criar seus próprios mercados de expansão*. Exceto em casos raros e localizados, isso é exatamente o que ela não podia fazer dentro de uma estrutura geralmente feudal. Num sentido mais amplo, ela alcançou seus fins através da transformação da estrutura social. O mesmo processo que reorganizou a divisão social do trabalho, aumentou a proporção de trabalhadores não agrícolas, diferenciou o campesinato e gerou classes de trabalhadores assalariados, criou também homens que dependiam, para satisfazer suas necessidades, de compras à vista – ou seja, criou clientes para os produtos. Mas quem analisa a questão desta maneira é o pesquisador, não o empresário que decidia ou não revolucionar sua produção. Além disso, não é absolutamente claro que em suas primeiras etapas a transformação social tivesse sido suficientemente rápida e vasta para produzir uma expansão tão rápida da demanda ou uma perspectiva de expansão tão tentadora e certa, a ponto de impulsionar os fabricantes à revolução técnica. Em parte, isso é verdadeiro porque as "áreas desenvolvidas" do século XVII e do início do século XVIII ainda eram relativamente pequenas e esparsas, e, em parte, porque a criação das condições para a produção capitalista cria mercados para seus produtos de maneiras muito diferentes. Em um extremo, temos países como os Estados Unidos, que desenvolveriam um intenso mercado interno para suas manufaturas. No outro – e isto era, por várias razões, muito mais provável em nosso período –, temos países em que a demanda *per capita* de produtos era extremamente baixa, pelo menos entre a massa de camponeses e trabalhadores. Se havia de se realizar uma revolução industrial, um certo número de países ou indústrias, portanto, tinha que operar dentro de uma espécie de "sucção forçada" que aguçava a cobiça dos empresários ao ponto de combustão espontânea.

Como se originou essa "sucção forçada"? É possível sugerir as seguintes respostas. Primeiro: como vimos, o comércio de todos os países estava amplamente concentrado, direta ou indiretamente, nas mãos dos mais avançados industrialmente. Segundo: esses países –

Inglaterra em especial – geraram uma demanda ampla, e em expansão dentro de seus mercados locais. Terceiro: (e talvez o mais importante), um novo sistema colonial, baseado principalmente na economia rural de mão de obra escrava, produziu sua própria sucção forçada especial, que provavelmente foi decisiva para a indústria inglesa do algodão – a verdadeira indústria pioneira. É provável que as três respostas sejam essenciais. O que se pode discutir é qual delas proporcionou o principal incentivo. Mas se o que este artigo defende é correto, esperamos encontrar sinais de uma transformação e um avanço fundamentais nos mercados mundiais durante a parte final do século XVII, embora estes pudessem ser mais evidentes nos mercados controlados por economias capitalistas "avançadas" do que em outros.

OS MERCADOS NÃO DESENVOLVIDOS

Sabemos muito pouco sobre os mercados internos (por exemplo, a demanda da massa de cidadãos em um país qualquer) antes do século XX. Sabemos menos ainda sobre o fenômeno característico da era moderna: o aumento da demanda por produtos e serviços novos como o rádio (ou, em nosso período, fumo, chá, café, chocolate), em comparação com a demanda por produtos novos destinados a satisfazer velhas necessidades, como as meias de *nylon* que substituíram as de seda (ou, em nosso período, o açúcar no lugar de adoçantes mais antigos). Assim, só podemos falar do desenvolvimento de mercados com muita cautela. Entretanto, é muito improvável que a demanda tenha aumentado consideravelmente na maior parte dos países continentais, mesmo entre as confortáveis classes médias urbanas, que eram os compradores mais entusiasmados das manufaturas padronizadas antes do século XIX. O chá e o café continuaram sendo artigos de luxo até o século XVIII, e a produção de açúcar progrediu de maneira extremamente lenta entre 1630 e 1670[90].

Havia, porém, uma escassa demanda de vidro e cerâmica em lugar de metal, mesmo entre as prósperas famílias da classe média[91]. Os distritos suíços dedicados à fabricação de relógios (com a exceção de Genebra, que produzia artigos de luxo) só alcançaram sua força máxima no século XVIII[92]. As vendas a varejo permaneceram sem se especializar em muitas cidades alemãs, e até a metade do século XVII, mesmo os parisienses ainda compravam mais cereais dos agricultores do que de comerciantes[93]. Pode ter havido um aumento do comércio rural a varejo no fim do século XVI, nos lugares onde as cidades e os senhores não o impediram. Entretanto, as queixas sobre o aumento dos mascates podem indicar um enfraquecimento dos monopólios da cidade, e não um aumento das compras rurais em dinheiro[94]. De qualquer maneira, o comércio rural decaiu durante a crise. É inegável que, em nosso século, Rennes e Dijon já não eram os mercados que tinham sido[95]. Somente a demanda de alguns produtos, em geral monopolizados por Estados e senhores e produzidos por eles, pode ter aumentado: fumo e álcool[96]. No saldo, portanto, a crise dificilmente pode ter favorecido o desenvolvimento espontâneo da indústria capitalista para os mercados continentais internos. Ela pôde favorecer (a) a produção artesanal para uma série de mercados locais, que retardou o progresso da indústria, ou (b) o aumento de manufaturas muito baratas, subprodutos do ócio e da opressão dos camponeses.

O mercado mais acessível na maioria desses países era também o menos adequado para o desenvolvimento capitalista – ou seja, o mercado dos Estados e das aristocracias. O fato de os aristocratas serem os que mais economizavam não os impedia de serem ao mesmo tempo grandes gastadores. Assim, os condes Czernin emprestaram ao imperador quatro milhões de florins entre 1690 e 1724, embora tivessem reservado o suficiente para gastos e construções das mais suntuosas[97]. Mas nada disso lubrificava as engrenagens da indústria de maneira tão eficaz como as compras da classe média. Assim, Holstein, um junker médio, em 1690 empregava 45 lacaios e criados, além dos servos da propriedade: mais do que o pessoal regular do duque de Bedford em meados do século XVIII[98]. Mas o futuro industrial, para manter empregados inúmeros cozinheiros, artistas educadores e fabricantes de perucas precisava da demanda maciça.

Parte desta era fornecida pelos Estados e aristocracias, embora ineficazmente[99]. *Primeiro*, fizeram-no por meio de pedidos diretos para padronizar equipamentos e uniformes do exército – inovação do século XVII – e coisas semelhantes. Provavelmente, isto teve um efeito maior sobre as indústrias de metal, para as quais, antes da Revolução Industrial, a guerra era o principal cliente. *Segundo:* transferiram o poder aquisitivo para classes com maior propensão a comprar produtos padronizados, aos soldados, taberneiros e donos de casas comerciais que viviam às custas deles, aos pequenos e médios arrendatários, e à massa de funcionários públicos e particulares e dependentes menores. De fato, em muitas áreas as perspectivas de um bom mercado dependiam, em grande parte, da eficiência com que os valetes roubavam seus amos. A maioria desses métodos ganhou expressão na "grande cidade", mercado muito mais eficiente para as mercadorias do que a cidade pequena ou média, para não citar a aldeia miserável. Em Paris ou Viena, pôde surgir um simulacro de mercado capitalista local, com uma demanda maciça de alimentos[100], produtos domésticos, tecidos de classe média, materiais de construção, etc. – alentado pela concentração de riqueza durante o período de crise –, embora talvez ele estimulasse mais a expansão semiartesanal (como a do negócio de construções) do que a indústria[101].

Evidentemente, os Estados absolutos também proporcionaram apoio financeiro, político e militar para arriscados empreendimentos comerciais como as guerras e as novas indústrias, e atuaram como agentes para a transferência da riqueza acumulada do campesinato e outras pessoas para os empresários. É possível que isto possa ter conduzido a uma satisfação mais eficiente da demanda interna, embora, como sabemos, o principal esforço dos Estados mercantilistas continentais tenha sido dirigido para as exportações (ou para uma combinação de vários mercados internos, os do país e os tomados em outros países). Mas nessa tarefa, os empresários dos Estados não desenvolvidos, mesmo com o apoio do Estado, estavam em grande desvantagem em comparação com os desenvolvidos, que realmente possuíam um mercado interno em crescimento. Em parte da Europa, portanto, a crise do século XVII, ao contrário da crise de 1815-48, demonstrou sua esterilidade econômica; ou, pelo menos, as sementes plantadas só germinaram muito mais tarde.

Nas áreas marítimas, os mercados nacionais sem dúvida cresceram consideravelmente. Na Inglaterra, procura-se considerar o século XVII como o período decisivo na criação do mercado nacional. Neste ponto podemos argumentar com alguma certeza, que em 1700 todos os setores da população, com exceção dos mais remotos, eram até certo ponto clientes à vista para os bens produzidos fora de sua área, e que os bens de consumo comum eram fabricados em áreas especializadas para a venda em escala nacional ou regional. As gigantescas dimensões de Londres, naturalmente, deram ao mercado interno uma grande vantagem. Nenhum outro país (com exceção da Holanda) possuía uma proporção tão grande de sua população concentrada num único bloco urbano. O professor Fisher esclareceu o efeito desse mercado de Londres sobre a economia inglesa em geral. Entretanto, se a ascensão das minas de carvão do Tyne – para citar um exemplo – deve-se quase inteiramente a Londres, o mesmo não acontece com a de outras terras carboníferas, que se expandiram quase tão rapidamente quanto aquelas[102]. No início do século XVIII, a se acreditar em Defoe, "há donos de casas comerciais em todas as aldeias, ou pelo menos em todas as cidades-mercado consideráveis"[103], o que implica a existência de clientes. Igualmente importantes, os mascates eram, naquela época, vendedores atacadistas ou viajantes comerciais tanto quanto vendedores diretos no varejo de tecidos e quinquilharias[104].

A segunda metade do século XVII assistiu à ascensão de algumas importantes indústrias de bens de consumo baratos semi-industrializados. Nessa mesma época começou o repentino crescimento de áreas especializadas na fabricação de cerâmica popular: não consta nenhum oleiro nas listas de aprendizagem de Bristol antes de 1671. As indústrias de quinquilharias do interior também começaram sua ascensão por volta desta época[105]. O mais significativo é que mesmo a população rural tornou-se, até certo ponto, clientela. Até meados do século, nas granjas e *cottages* de Essex, encontravase louça de barro, em vez de vasilhas de estanho, mais duráveis[106]. Certamente, durante este período, o crescimento do mercado interno excedeu o da população. Se tomarmos como índice as estimativas feitas por Harper da tonelagem dos navios da costa, descobriremos que a tonelagem combinada de embarcações carboníferas e costeiras aumentou uma média de menos de 1.000 toneladas anuais de 1582 a 1609/15 e uma média de mais de 1.100 toneladas por ano daquela época até 1660; o número de embarcações costeiras de Londres triplicou entre 1628 e 1683[107]. Da mesma maneira, o aumento das importações neste período parece ter sido maior do que o das exportações[108]. De qualquer forma, podemos entender porque os economistas ingleses do século XVII se congratulavam por possuir um grande mercado doméstico para produtos "médios", diferentemente dos principais Estados continentais.

Além disso, em certos aspectos, todos os Estados marítimos podem ser considerados como um grande mercado interno diversificado, já que estavam próximos uns do outros. Dentro desta área, o comércio internacional podia ser – e foi – muito mais intenso que o comércio entre cada Estado marítimo e seus mercados de exportação (não coloniais)[109]. Assim o carvão inglês era vendido quase inteiramente no mercado interno, na Holanda e seus países dependentes e nas colônias. E o comércio de cerveja entre Hamburgo e as Províncias Unidas[110] pode ser virtualmente considerado como comércio dentro de um extenso "mercado interno" deste tipo.

O desenvolvimento desses mercados internos teria três resultados. *Primeiro*, ajudaria a desintegração da velha economia, transformaria progressivamente os cidadãos em compradores e recebedores de dinheiro à vista e incentivaria a importação crescente de alimentos e matérias-primas, estimulando, assim, o aumento das exportações. (De fato, o desenvolvimento de um mercado interno intensivo foi, em si mesmo, um sinal de que a transformação social já havia percorrido um longo caminho.) Além disso, como demonstrou Marx, o mercado interno não demanda apenas bens de consumo, mas também bens de capital[111]. *Segundo*, proporcionou uma reserva grande e bastante firme de demanda de bens, o que significa também uma reserva de capacidade produtiva e uma base estável para uma rápida expansão, assim como um amortizador contra os riscos do mercado exportador. Além disso, os mercados internos marítimos, com seus milhões de habitantes, eram muito maiores que os mercados das cidades medievais mais importantes. *Terceiro*, este desenvolvimento podia, em condições especialmente favoráveis, expandir-se rapidamente a ponto de produzir dentro de si mesmo o impulso necessário para revolucionar certas indústrias. Por volta de 1700, a indústria mineradora tinha chegado evidentemente à beira da revolução industrial, especialmente por esse meio. Talvez outras indústrias, como a cervejeira e a de sabão, tenham se beneficiado da mesma maneira. Entretanto, é provável que isto não fosse o mais comum. As perspectivas realmente temerárias e ilimitadas de expansão que incentivaram e, em verdade, compeliram a revolução técnica, foram provavelmente mais facilmente realizadas nos mercados de exportação, embora seja duvidoso que um país que não possuísse um mercado interno desenvolvido pudesse, nos séculos XVII e XVIII, estar em condições de aproveitar as oportunidades de exportação. Portanto, devemos considerar as perspectivas de exportação.

MERCADOS COLONIAIS E DE EXPORTAÇÃO

A principal realização da crise do século XVII foi a criação de uma nova forma de colonialismo. Como vimos, no sistema colonial do século XVI – que, aliás, os holandeses adotaram sem modificar substancialmente – o mercado colonial para manufaturas internas não era importante, embora uma grande empresa colonial ou o Estado, considerado como empregador e comprador de bens de capital e de consumo, estimulasse a economia interna, além de produzir lucros para acumulação. Entre 1660 e 1681, acredita-se que o tráfico das Índias Orientais tenha representado apenas 1/12 do tráfico holandês[112]. Os comerciantes pareciam demonstrar pouco entusiasmo pela demanda do consumidor na América Latina[113]. Entretanto, as possibilidades dos mercados coloniais se transformaram com o estabelecimento das plantações coloniais, que produziam sem uma restrição sistemática do produto total e das colônias europeias de povoamento. Também neste caso, a metade do século XVII marca um ponto crucial[114]. De qualquer maneira, uma informação quantitativa, como a que possuímos a respeito do tráfico de escravos, demonstra quanto as importações foram mais reduzidas antes da Restauração do que na época de ouro do comércio no século XVIII. Reunindo as informações de que dispomos[115], podemos calcular a importação média anual de escravos ativos nas Américas, durante a década de 1640 – ponto mais alto da produção de açúcar no Brasil –, em um número da ordem dos 10 mil (entre 1730 e 1780 em um número da ordem dos 50 a 100 mil). Na época, a Companhia Anglo-Africana tinha sido reconstituída, e duas companhias francesas, a do Senegal e a da Guiné, tinham sido fundadas especificamente para o comércio de escravos, em 1673 e 1685. Estava tudo pronto para o grande *boom* colonial.

Os novos tipos de colônias eram, até certo ponto, "mercados cativos" que dependiam das reservas internas. Calcula-se que metade dos lucros do colono voltava às Índias Ocidentais em forma de mercadorias[116]: pregos, artefatos de ferro e de selaria, uma variedade de tecidos ordinários, tijolos para fundações, potes para melado, ou seja, exatamente o tipo de mercadoria adequada para incentivar o futuro industrial e talvez o agricultor progressista[117]. O crescente abastecimento de escravos deu lugar a uma crescente demanda de bens na África – sempre um mercado para as exportações europeias; o crescente abastecimento de produtos de plantação cada vez mais baratos, como o açúcar e o fumo, criou demanda maior dos produtos europeus nas plantações e em outros lugares. O controle político exercido pelas potências europeias lhes permitia rivalizar com qualquer competidor indesejável proveniente das colônias, assim como roubar os infelizes nativos com notável eficiência. Este era, em grande parte, o tipo de expansão de que os fabricantes precisavam, embora o mercado autoexpansivo estivesse condenado a flutuar junto com os caprichos da guerra e da política, para não falar das dificuldades econômicas. De fato, conforme argumentava Marx, nessas primeiras etapas apoiam-se grandemente nisso[118]. Por volta de 1700, cerca de 20% das exportações inglesas devem ter se destinado a áreas que podem ser descritas como coloniais (incluindo as colônias de outros Estados)[119]. Em 1759-60 e 1770, mais de um terço foi só para as colônias inglesas, sem contar as exportações diretas para as colônias espanholas e portuguesas. Além disso, a julgar pelas estatísticas de 1784, quando as exportações começaram pela primeira vez a distinguir-se das reexportações, as colônias foram clientes ainda melhores do que esses dados parecem sugerir. A metade das exportações inglesas da época ia para elas (incluindo os Estados Unidos, recém-emancipados). A importância do mercado colonial para as exportações de peças de algodão é ainda mais formidável. Até 1770 – ou seja, durante o período crucial que preparou a revolução industrial – esse mercado (incluindo a Irlanda) nunca absorveu menos de cerca de 90% daquele produto[120].

Entretanto, da mesma maneira que as novas economias de tipo servil, as novas economias coloniais não eram capazes de uma expansão permanente, e pelas mesmas razões: seu uso da terra e da mão de obra era essencialmente extensivo e ineficaz. Além disso, o abastecimento de escravos (que raramente se reproduziam em escala suficiente) não podia ser incrementado com bastante rapidez, como se deduz da tendência velozmente ascendente dos preços dos escravos. Daí, então, que o esgotamento do solo, a ineficiência da administração e as dificuldades com a mão de obra tenham provocado algo como uma "crise da economia colonial", a partir da década de 1750[121]. Isto se expressou de várias maneiras: por exemplo, o sentimento antiescravagista e as tendências de autonomia governamental das oligarquias locais de colonos brancos, que se desenvolveram rapidamente na última terça parte do século XVIII na América Latina, nas Índias Ocidentais, América do Norte e Irlanda, e contribuíram para o desenvolvimento da revolução na Europa ocidental. Entretanto, não podemos discutir aqui as dificuldades do novo colonialismo. Basta lembrar que sua adoção proporcionou às economias "avançadas" várias décadas valiosas de vertiginosa expansão econômica, das quais extraíram inestimáveis benefícios.

Nenhum desses desenvolvimentos foi totalmente novo, embora todos tenham sido consideravelmente acelerados pela crise do século XVII. O absolutismo e suas grandes cidades capitais do continente foram fortalecidos por ela. O triunfo da Revolução Inglesa acelerou a transformação social da Inglaterra e, portanto, a formação de um ativo mercado interno. Finalmente, o novo colonialismo se desenvolveu onde o velho era impossível ou não mais lucrativo, e quando os antigos colonialistas já eram demasiadamente fracos para enfrentar os intrusos, embora fossem ainda suficientemente fortes para impedir que se apoderassem dos metais preciosos e das especiarias. Por outro lado, nenhum deles era o resultado de um planejamento. O Brasil tinha chegado a ser uma colônia de plantações enquanto Portugal tinha outros interesses, e como resultado floresceu amplamente, resistindo às tentativas dos holandeses de separá-lo de Portugal[122]. Por outro lado, os holandeses conservavam toda aquela antiquada aversão à expansão da produção e aos preços baixos, conforme demonstra sua atitude em relação à produção de açúcar – e em menor escala, do café – em seu império e em relação ao estabelecimento de colônias ultramarinas[123]. Os brasileiros voltaram os olhos para o ouro e os diamantes, assim que os descobriram em seu território, no final do século. Num certo sentido, portanto, as "novas" economias progressistas se estabeleceram por causa da ruína parcial das antigas, originadas pela crise do século XVII.

Neste artigo, procurou-se demonstrar duas coisas: primeiro, que a crise do século XVII proporcionou sua própria solução, e, segundo, que ela o fez de maneira indireta. Mas para a existência de países capazes de adotar entusiasticamente os novos – e, conforme se comprovou depois, revolucionários e economicamente progressistas – sistemas econômicos, esta crise poderia ter conduzido a uma estagnação ou regressão muito maiores do que as que ocorreram. Mas de todas as economias, a mais "moderna", a que mais entusiasticamente subordinou a política ao empresário capitalista, foi a da Inglaterra, o país da primeira "revolução burguesa" completa. Daí que, num certo sentido, a história econômica do mundo moderno desde a metade do século XVII dependa da história econômica da Inglaterra, que iniciou o período de crise – digamos, na década de 1610 – como uma potência dinâmica porém secundária, e o terminou na década de 1710 como uma das potências donas do mundo. A Revolução Inglesa, portanto, com todos os seus resultados de grande alcance, é – num sentido real – o produto mais decisivo da crise do século XVII.

Estas são, portanto, algumas sugestões sobre o desenvolvimento econômico da Europa num período crucial, embora ainda surpreendentemente obscuro. Talvez não resistam à crítica. Espera-se, porém, que sirvam para estimular a realização de novos trabalhos sobre as origens do capitalismo moderno.

NOTAS

1. Perroy, Boutruche e Hilton discutiram este tema em *Annales* e outras publicações. Ver também a discussão entre Dobb, Sweezy, Takahashi, Hilton e Hill em *A Transição do Feudalismo ao Capitalismo*, Publicações D. Quixote, Lisboa e o estudo geral de Malowist em *Kwartaknik Historicny*, 1953, I. (Agradeço ao Instituto Polonês de Londres, pela tradução deste último trabalho).
2. Braudel, *La Mediterranée... au temps de Philippe II*, 1097; Romano, *Industries Textiles et conjoncture à Florence au XVIIe siècle (Annales*, out.-dez. 1952, 510). Para os historiadores franceses a "fase de contração do século XVII" já é um fato constatado *(Rev. Hist.*, 428 (1953), 379). No que se segue devo muito à discussão com J. Meuvret que confirmou muitas de minhas hipóteses de não especialista. No entanto, não estou certo de que ele esteja de acordo com grande parte deste trabalho.
3. C. A. Julien, *Histoire de l'Afrique du Nord*, 538; pode-se verificar a "revolução industrial" na pirataria a partir da introdução das velas nórdicas por parte dos ingleses e holandeses, após 1604.
4. J. Meuvret em *Mélanges d'Histoire Sociales*, V, 1944; em *Population*, 1946, 653-50 e um trabalho inédito sobre os efeitos das fomes de 1693-4 e 1709-10 sobre a diplomacia francesa.
5. Não há estatísticas seguras e nem sempre existem bons índices indiretos. Esse parágrafo se baseia especialmente em: K. Larsen, *History of Norway*, 1948, 304 (dados apenas para o ano de 1655 e seguintes); Mayer, *The Population of Switzerland* (1952) e a estimativa de Patavino para 1608 que equivale a de Mayer para 1700 em Nabholz, Muralt, Feller, Bonjour, *Gesch. d. Schweiz*, II, 5; H. Wopfner, *Gueterteihung u. Uebervoelkerung*, 1938, 202; H. v. z. Muehlen, *Entstehung d. Gutsherchaft in*

Oberschlesien, em *Vierteljahrschrift f. Soz. un Wirtsch. Gesch.* XXXVIII, 334-60; Beloch, *Bevoelkerungsgeschichte Italiens,* I, 153-225 Kayser, *Bevoelkerungsgeschichte Deutschlands,* 1941, 361; Roupnel, *La vie et la campagne dijonnaises au XVIIe siècles;* P. Goubert, *Problèmes Démographiques du Beauvaisis au XVIIe siècle (Annales,* out-dez. 1952, 452-468), para uma área que parece ter sofrido menos; G. Debien, *En Haut-Poitou: Défricheurs au Travail* (XV-XVIIIe s.) e para reflorestamento, *Bull. Soc. Hist. Mod.,* maio-julho 1953, 6-9; Pirenne, *Hist. de Belgique,* IV 439-40; A. Consemans, *Bevolkering v. Brabant en de XVIIIe eeruw* 1939, 220-4; G. N. Clark, *The Seventeenth Century;* Rutkowski *Hist. Econ. de la Pologne avant les Partages,* 1927, 91-2; Stone en *IXe Congrès International des Sciences Historiques II,* 1951, 49-50; Hoskins, "The Rebuilding of Rural England 1570-1640", *Past & Present* 4, 1953.

6. *Op. cit.,* 6. Pode-se fazer a mesma crítica às estimativas de Urlanis, *Rosnasielenis v. Jewropie* (Moscou 1941) 158, que parecem ser bem mais otimistas. Agradeço a A. Jenkin por ter me alertado sobre esses dados.

7. P. Seller "Studies in mortality since the Renaissance", *Bull. Inst. Hist. of Medicine,* 1943, 443, 445, 452 e 456; *ibid.* 1947, 67, 69. Meuvret e Goubert *op. cit.* e a bibliografia citada em Habbakuk, "English population in the 18th century", *Econ. Hist. Rev.,* 2ds VI, 2, 1953, para a epidemiologia do século, além de vários estudos locais; Haeser, *Gesch. d. Medizin u. d. epidem. Krankheiten,* Jena. 1882; C. Creighton, *Hist. of Epidemics in Britain,* 1891, 1894; L. F. Hirst, *The Conquest of Plague,* 1953; Prinzing, *Epidemics Resulting from Wars,* 1916; Brownlee, "Epidemiology of Phthisis in Great Britain and Ireland", *Medical Research Council,* 1918; Campbell, "The Epidemiology of Influenza", *Bull. Inst. Hist. Medicine,* 13, 1943; W. J. Simpson, *A Treatise on the Plague, 1905.*

8. Sombart, *Luxus u. Kapitalismus,* 27-7; Schmoller, *Deutsches Staedtwesen in aeltere Zeit,* 1922, 60-95; B. Bretholoz, *Gesch Boehmens u. Maehrens,* 1924, III, 61-3; Baasch, *Hollaendische Wirtschaftsgeschichte,* 24-5.

9. Cipolla, "The Decline of Italy", *Econ. Hist. Rev,* 2 SV., 2, 1952; Roupnel, *op. cit.,* para reversão de Bolonha à autarquia; Reuss, *Hist. de Strasbourg,* 1922, 280-6; P. Boissonade, "La crise de l'industrie languedocienne 1600-1660", *Annales du Midi, 1909;* G. Aubin e H. Kunze, *Leinernerzeugun... imoestl. Mitteldeutschland,* 1940.

10. Para os dados sobre a produção holandesa e florentina ver N. H. Posthumus, *Gesch. v. d. Leidsch Lakenindustrie,* III, 932; Romano, em *Annales, loc. cit.*

11. Bang e Korst, *Tabeller over Skibsfart;* A. Christensen, *Dutch Trade and the Baltic about 1600* (Copenhague, 1940).

12. G. Tongas, *Relations entre la France et l'Empire Ottoman durant la prègmière moitié du XVIIe siècle.* 1942; P. Masson, *Le Commerce Français dans le Levant au XVIIe siècle,* 1892, esp. 130-4, App. XV, 236; H. Watjen, *D. Niederlander in Mittelmeergebiet,* 1909, 145, 149.

13. Bal Krishna, *Commercial Relations between India and England 1601-1757*, caps. II-V; S. A. Khan, *East India Trade in the 17th C.*, 1923,74 e ss.
14. C. de Lannoy H. Van der Linden, *Hist. de l'Expansion des Peuples Européenes; Neerlande et Danemark (XVIIe e XVIIIe ss.)*, 1911, 334, 344-5, 363. O endividamento da Companhia também foi o mais elevado. J. G. Van Dillen, *Bronnem tot d. Geschiedenis d. Wisselbanken, 1925*, II, 971 e ss.
15. Barbados começou a exportar açúcar em 1646, Jamaica iniciou suas plantações em 1664, Haiti restabeleceu as suas em 1655 e Martinica no mesmo ano. As exportações de açúcar de St. Kitts suplantaram as de anil em 1660. Sippman, *Gesch. d. Zuckers*, 1929.
16. Para uma comparação de sua dimensão em 1641 e 1667, ver J. Santoyant, *La Colonisation Européenne*, 1947,271-3.
17. B. Porshnev em Biryukovitch, Porshnev, Skaskin, etc. *Novaya Istoriya*, 1640-1789, Moscou 1951, 444. Isto responde a um problema levantado por Marx em 1850 *(Sel. Essays*, ed. Stenning, 1926, 203). Esta coincidência foi frequentemente observada por Merriman, *Six Contemporaneous Revolutions*, 1938.
18. Merriman, *op. cit.* Porshnev, *Narodmie vosstaniya vo Frantsiipered Frondoi* 1623-1648. Moscou 1948; O. Schiff, "D. Deutschen Bauernaufstaende 1525-1789." *Hist. Ztrschr,* CXXX 189 e ss. Feller, Hesch Berns II, 1953, cap. IV e V.
19. J. Lemoine, *La revolte du Papier Timbré*, 1898, apresenta numerosos documentos.
20. Marczali, *Hungary in the 18th C.;* 1910, p. XXXVII, Bretholz *loc. cit.* 57-61.
21. A. Nielsen, *Daenische Wirtschaftsgeschichte*, 1933, 94-5.
22. R. Mousnier, *La venalité des offices sous Henri IV et Louis XIII*, 1945; K. W. Swart, *Sale of Offices in the 17th* C., 1949.
23. Ver a observação sobre a história dos preços.
24. Ver I. Lenin, *The development of capitalism in Russia*, cap. I (conclusões), cap. II (conclusões), capo VII (a formação do mercado interno). *O Capital* I (1938) 738, 772-4. Que Marx não pensava principalmente na acumulação efetiva dos recursos parece estar demonstrado num rascunho preliminar à *Crítica da Economia Política: "Eigen ist dem Kapital nichts als die Vereinigung von Naenden und Instrumenten, die es vorfindet. Es agglomeriert sie unter seiner Botmaessingkeit. Des ist sein Wirkliches Anhaeufen; das Anhaeufen von Arbeiten auf Punkten nebst ihren Instrumenten", (Formen die der kapitalistichen Produktion vorhergehen*, pp. 49-50, Berlim, 1952).
25. I, item IV (Capital Comercial) e vol. II, 63. Ver também R. H. Hilton, "Capitalism, what's in a name", *Past & Present*, I, 1952.
26. J. Meuvret, "Circulation monétaire et utilisation économique de la monnaie das la France du XVIe et du XVIIe s.", *Études d'Histoire Moderne et Contemp.* Tome I, 1947, 14-29; R. Latouche, *La vue au Bas Quercy,* 1923; E. Koehler, *Der Einzelhandel im Mitielalter,* 1938, 55-60.

27. A. Fanfani, *Storia del Lavoro in Italia della fine del secolo XV agli inizii del XVIII*, 1943, 42-9.
28. R. S. López, "Economie et architecture médievales", *Annales*, out-dez. 1952, 443-8.
29. G. Renier, *The Dutch Nation*, 1949, 97-9.
30. H. Roy, *La vie, la mode et le costume au XVIIe siècle*, 1924, apresenta uma lista completa de todos os tipos de tecido usados nesta corte.
31. Cipolla, *The decline of Italy, loc. cit.*, para a controvérsia sobre o alto custo.
32. M. Maowist em *Report of IX Congrès International des Sciences Historiques*, I, 1950, 305-22.
33. Sobre esta crescente exploração ver J. Rutkowski, "Le régime agraire en Pologne au 18e s.", *Rev. Hist. Econ. and Soc.*, 1926 e 1927, esp. 1927, 92 e ss; J. Rutkowski, "Les bases économiques des partages de l'ancienne Pologne", *Rev. Hist. Moderne* N. S. IV, 1932; J. Rosdolsky, "The distribution of the agrarian product in feudalism", *Journ. Econ. Hist.* 1951, 247 e ss. Quanto à não importância do pagamento à vista vide Rutkowski 1927, 71 Rutkowski 1926,501; Malowist, 317 e ss. Um exemplo do empobrecimento da cidade devido a isto pode ser encontrado em F. Tremel, Handel D. Stadt Judenburg im 16 Jh., *Stschr. d. hist. Vereins fuer Steiermark*, 1947, 103-6.
34. Uma expansão da área total da agricultura exportadora com mão de obra servil na zona do Mar Negro, por exemplo, poderia ter compensado isto. No entanto, isto não ocorreu até o século XVIII talvez devido à força e à política turca de cereais, mais recente. D. Ionescu, *Agrarverfassung Rumaeniens*, 1909, 10-19. A. Mehlan, "Die grossen Balkanmessen in der Tuerkenzeit", *Vierteljahrschrift f. Soz. un Wirtsch. Gesch.* 1938, 2-7.
35. *Cal. St. P. Col.*, 1661-8, 266.
36. F. C. Lane, "National Wealth and Protection Costs", em Clarkson e Cochran, ed., *War as a Social Institution*, 1941, 36 e ss.
37. C. G. Motten, *Mexican Silver and the Enlightenment*, 1950, capítulos 2-3.
38. Assim, desde o final do século XVII a Companhia Holandesa das Índias Orientais aumentou a renda proveniente de impostos coloniais – que era, antes, de aproximadamente 9% de sua renda –, muito mais rapidamente do que seus lucros no comércio. Lannoy y Linden, *op. cit.* 266-7. F. Chevalier, *La formation des grands domaines au Méxique, Terres et Societé au XVIe XVIIe siècle*, 1952. Um resumo desse trabalho pode ser encontrado em Rev. Hist., 428. 1953,376 e ss.
39. Sobre o fim das plantações de açúcar no início do século XVII ver E. O. V. Lippman, *Gesch. d. Zuckers, 1929*.
40. H. Aubin, "D. Angaenge d. grossen schlessischen Leineweberei", *Viertel Jahrschr. f. Soz. und Wirtsch. Gesch*, XXXV, 154-73.
41. Raveau, *L'agriculture... en Haut-Poitu au XVIe siècle*, 127; Marc Bloch, *Caracteres Originaux de l'histoire rurale française*, 148-9; no entanto, o "faristocrata" não é *ipso facto* um agricultor capitalista.
42. Bloch, *op. cit.*, Braudel, 624 e ss.
43. Bloch, *op. cit.*, 145-6; P. Raveau, *op. cit.*, 249 e ss; A. Kraemer, D. Weschselende, *Bedeutung d. Landbesitzes. d. Stadt*, Breslau, 1927, para a compra sistemática de terra – 1500, thirty years' war.
44. Baasch, *Holland, Wirtschftsgeschichte*, 50; Roupnel, *op. cit.*

45. Marx, *O Capital,* III, XLVII, sec. V sobre parceria; G. de Falguerolles, "Décadence de l'economie agricole a Hempaut" (Languedoc), *Annales du Midi* 53, 1941, 142, um importante artigo.
46. Raveau, *op. cit.,* cap. III. Sobre o caráter não inovador dos manuais agrícolas franceses ver G. Lizerand, *Le Régime rural de l'ancienne France,* 1941,79-81. M. J. Elsas, *Umriss einer Geschichte v. Preise u. Loehne in Deutschland,* 1949, sobre a produtividade agrícola estável.
47. G. Coniglio, *II regno di Napoli al tempo de Carlo V,* 1951 e Braudel, *op. cit.* V. Barbour, *Capitalism in Amsterdam,* 1949, 26-7; A. Juergens, Z. *schleswig-holsteinischen Handelsgeschichte Im 16 u.* 17 *Jh.* 1914, 10-2 sobre a transformação de uma área exportadora em importadora, no final do século XVI.
48. Isto porque eles dependiam do abastecimento local de alimentos, enquanto as cidades viviam de importações feitas em geral de fontes distantes. Meuvret "La géographie du prix des céreales", *Revista de Economia,* Lisboa, 1951, 63-9. Falguérolles, *loc. cit.* Principalmente quando os camponeses deixaram de comer trigo, visto que com a venda desse cereal pagavam os impostos.
49. Falguérolles, *loc. cit.* defende isso.
50. Goubert, *loc. cit.*
51. Elsas, *op. cit.,* O. Roehlk, *Hanssisch-Norwegische Handespolitik im 16 Jh.,* 1935, apresenta uma excelente discussão desse tema, embora se refira a "tesoura de preços" entre o cereal e o peixe. *Report of Royal Comission on Cloth Industry,* 1940. E.H.R. 1942, 485-6.
52. Bloch, *op. cit.,* 145 sobre este importante assunto.
53. M. Campbell, *The English Yeoman,* 1942, 186-7, cap. VI na íntegra e Hoskins, *Past & Present* 4, 1953.
54. H. Widmann, *Geschichte Salzburgs,* 1914, III, 354; Feller, *op. cit.* II, 268; H. Schnell, *Mecklenburg in Stalter d. Reformation,* 1900, 201.
55. "Prices and Industrial Capitalism", *Econ. Hist. Rev.,* VII, 184-5.
56. Knoop and Jones, *The Medieval Mason,* 1949, 207-12, Cipolla em *Econ. Hist. Rev. loc. cit.* 184, Elsas, *op. cit.,* E. J. Hamilton, *War and Prices in Spain 1650-1800,* 1947, 219. G. Unwin, *Industrial Organization in the 16th and 17th Centuries,* 1904, cap. VIII; G. Des Marez, *Le Compagnonnage des Chapeliers Bruxellois,* 1909,17-21; M. St. Léon, *Le Compagnonnage,* 1902; L. Guéneau, *L'organisation du travail à Nevers au 17ᵉ s.,* 1919, 79; J. Gebauer, *Gesch. d. Stadt Hildesheimm,* 1925, 221, etc.
57. R. Mousnier, *Le XVI et le XVII Siècles* Paris, 1954.
58. S. Mason, *A History of the Sciences* 1953, 223.
59. H. Enjalbert, "Le Commerce de Bordeaux et la vie econ. dans le Bassin Aquitain au 17ᵉ s." *(Annales du Midi* 62, 1950, 21 fls.); "Les études d'histoire normande de 1928 à 1951" *(Analles de Normandie* I,1951, 178).
60. Devo meus conhecimentos a este respeito ao Prof. H. J. Habbakuk, Dr. J. D. Chambers, D. C. Coleman, D. Joslin e outros estudiosos do período.
61. G. N. Clark, *Seventeenth Century,* p. IX.
62. H. Takahashi, "The Transition from Feudalism to Capitalism", *Science and Society* XVI, 1952, 334.

63. A. Girard, "La repartition de la population en Espagne" *Rev. Hist. Econ. & Soc.* 1929, 350-1, 354; Roupnel, *La vie et la campagne dijonnaises au 17e s.* (1922), 89-91, 150; G. Schmoller, *Deustsches Staedtewesen in aelterer Zeit* (1922), 272-89.

64. Um bom exemplo em A Helbok, *Bevoelkerung d. Stadt Bregenz* (Innsbruck 1912) 148, 150. Karaisl, "Z. Gesch. d. Muenchner Patriziats" (*Jb. f. Nationaloekonomie* 152 (1940) I ff. Ver também F. Tremel, "Handel d. Stadt Judenburg" (*Ztschr. d. hist. Vereins f. Steiermark* 1947), sobre os efeitos niveladores do empobrecimento geral.

65. *Annales d'Hist. Ec. & Soco* VII, 186-8.

66. G. N. Clark, *op. cit.* 76.

67. *Encicl. Italiana*, T. Stoyanovitch, "Land Tenure etc. of the Balkan Economy" (*Journ. Econ. Hist. XIII*, 4, 1953, 398-412); R. N. Salaman, *History & Social Influence of the Potato, 1949*.

68. *Essays in honour of L. Febvre*, vol. II, 1953.

69. A. P. Usher, *Hist. of the grain trade in France*, 1400-1710 (1913), 56, 80-2, 180.

70. Drummond and Wilbrahan, *The Englishman's Food* (1939), 119-22.

71. Ver Doreen Warriner, "Some Controversial Issues in the history of Agrarian Europe" (*Slanovic Review XXXII*, 1953, 168 fs.)

72. O. Liiv, *D. wirtschaftl. Lage d. estnischen Gebietes am Ausgang d. 17. Jh.* (Tartu 1935). Revisto em *Baltic Countries* III, I, 129-30.

73. Stoyanovith *loc. cit.*

74. W. Stark, "Niedergang u. Ende d. landwirtsch. Grossbetriebs in d. boehmischen Laendern" (*Jb. f. Nationaloekonomie* 146 (1937), 418, 421-2, O. Klopp, *Geschichte Ostfrieslands 1570-1751* (1856), 412.

75. Heisig, *Die Schaffgotschen Gueterkomplexe* (1884) W. Stark: "Abhaengigkeitsverhaeltnisse Boehmens im 17-18 Jh." (*Jb. f. Nationaloekon*, 164, 1952, 272-3). Mas na Hungria ainda era apenas uns 10-15%. E. Szabo, "Les grandes domaines" (*Rev. Hist. Comparée* 1947, N. S. Vol. 2, p. 188).

76. U. Handrack, *Handel d. Stadt Riga*, Jena, 1932. Rev. em *Baltic Countries* II, I.

77. J. Rosdolsky, "The distribution of the agrarian product under feudalism" (*Journ. Econ. Hist.* 1951, 247 fs.), Stark (1952), 363-4.

78. P. Iwanov, "Zur Frage des 'aufgeklaerten Absolutismus' der 60er Jahre d. 18. Jh." (*Zur Periodisierung d. Feudalismus u. Kapitalismus in d. USSR,* Berlin 1952, 208f s.); F. Posch, "Robotstreiks steirischer Bauern z. Zeit Josefs II" (*Blaetter f. Heimatkunde*, 25, 2, Graz, 1951), C. Dame, *Entwicklung d. laendl. Wirtschaftslebens in d. Dresden-Meissner Elbtalgegend* (Leipzig, 1911),180-1; Stark 1937, *loc. cit*. A. Agthe, Ursprung u. Lage d. Landarbeiter in Livland (Tuebingen, 1909) 57, 73 fs.

79. E. Jensen, *Danish Agriculture* (1937) 41 fs.; J. Rutkoski, *Hist. Econ. de Pologne avant les partages* (1927), 119 fs.

80. Kulischer *Allg. Wirtschaftsgesch.* II, cap. 9, esp. 117. Aos trabalhos ali citados acrescenta Pirenne, *Hist. de Belgique* IV, 427 fs., Wadsworth & Mann, *Cotton Trade & Industrial Lancashire*, pt. I, G. Unwin, *Studies in Economic History*, W. H. B. Court, *Rise of Midland Industries*, U. Rottstaedt, *Besiedlung d. Thueringerwaldes* (1914), 32, etc.

81. Kulischer, 115: Des Marez, *Le compagnonnage des chapeliers bruxellois* (1909), 13- 16.
82. C. A. Swaine, "Heimarbeit in d. Gewehrindustrie v. Luettich" (*Jb . f. Nationaloekonomie* 3. Folge XII, 177-8).
83. L. Beck, *Gesch. d. Eisens* II, 979-80.
84. E. Coornaert, *Les corporations em France* (1941), cap. V.
85. F. Tremel "Steirische Sensen" (*Blaetter f. Heimatkunde* 27, 2, 1953).
86. Por ex., L. Beck, *op. cit.*, 1039-41.
87. Tugan-Baranowsky, *D. Russische Fabrik*; E. Kutaissoff, "The Ural Metal Industry in the 18th century" (*Econ. Hist. Rev.* 2d Ser. IV, 1951, 252 fs.): A. M. Pankratova, "Die Rolle d. Warenproduktion" (*Sowjetwissenschaft* 1954, 3 esp. 439 fs.).
88. Para uma discussão deste tipo de negócios, *Past & Present* V.
89. A. Hyma, *The Dutch in the Far East* (1942) 3-4, 170, 216.
90. A estimativa de Simonsen, citada em N. Deerr, *History of Sugar* (1949) I, 112.
91. J. M. Richard, *La vie privèe à Laval aux 17ᵉ & 18ᵉ S.* (1922) 59-75.
92. A. Pfleghardt, *D. Schweizerische Uhrenindustrie*, 1908.
93. Usher, *op. cit.* 85. Para uma bibliografia geral sobre o comércio a varejo, Sombart, *D. moderne Kapitalismus* II, I, 421-35; e também E. Koehler, *D. Winzelhandel in Mittelalter* (1938), 55-50.
94. Gebauer, *Gesch. d. Stadt Hildesheim*, 227; R. Scholten, Z. *Gesch. d. Stadt Cleve*, 412; E. v. Ranke, "Koeln u. d. Rheinland" (*Hans. Gesch. Blatter* XXVII, 1922, 29).
95. H. Sée, *Hist. Econ. de la France* I, 232.
96. A respeito da importância do álcool na economia senhorial, consultar Stark (1952), Szabo, *loc. cit.* 185-70.
97. B. Bretholz, *Gesch. Boehmen's u. Marhrens* (1924) III, 52-3.
98. H. Hanssen, *Agrarhistorische Abhandlungen* (1880), 457; G. Scott Thompson, *The Russells of Bloomsbury* (1940), 238.
99. Estes foram discutidos – mas sua importância exagerada – por Sombart: Krieg u. Kapitalismus, Luxus u. Kapitalismus.
100. Sobre o mercado de carne vienense, ver Hassinger, "*D. erste wiener orientalische Handelskompanie 1667-83*" (*Vierteljahrschr. f. Soz & Wirtsch. Gesch.* XXXV, I).
101. G. de Marez, "La transformation de la ville de Bruxelles au 17ᵉ s." (*Études Inédites*, 1936, 129-31).
102. J. U. Nef, *Rise of the British Coal Industry*.
103. *The English Tradesman* (1727), 334.
104. *Ibid,* R. B. Westerfield, *Middlemen in British Business,* 313.
105. W. Burton, *English Earthenware and Stoneware* (1904), 7, 28, 30-3, 58; W. Pountney, *Old Bristol Potteries* (1920) Append. I, p. 3. W. H. Court, *op . cit.* H. Hamilton, *The English Brass & Copper Industries to 1800.*
106. F. Steer, *Farm & Cottage Inventories of Mid-Essex* (1950), G. E. Fussel, *The English Rural Labourer* (1949).
107. L. A Harper, *The English Navigation Laws* (1939), 339; T. S. Willan, *The English Coasting Trade 1600-1750* (1938), esp. cap. VII, pp. 203-5.
108. E. Lipson, *Econ. Hist. of England* II, 189, Harper, *op. cit.* 343.

109. Este problema é discutido em Liga das Nações, *Industrializations & Foreign Trade* (1945), 118.
110. Nef, *op. cit.* Apêndice; O. W. Vogel, "Ueber d. Groesse d. Handelsflotten" (*Festschrift f. D. Schaefer*, 1915, 274-5).
111. *Capital* I (1939 ed.), 772.
112. Lannoy & Linden, *Hist, de l'expansion coloniale: Néerlande & Danemark* (1911), 334; I. J. Brugmans, "D. cost-Ind. Compagnie..." (*Tijdschr. v. Gesch.* LXI, 225-31).
113. Savary, *Le Parfait Négociant* (1675), II, 78.
114. Cf. as datas do início da plantação e exportação de açúcar nas Índias Ocidentais, em *Past & Present* V. note 15, cf. também W. Borah: "New Spain's Century of Depression" (Ibero-Americana 35, 1951), um estudo muito sugestivo.
115. Este trecho apoia-se nas seguintes autoridades e nos cálculos feitos por elas. Não há espaço para discutir o método usado para se chegar às estimativas: ver Lippmann, *op. cit.;* o material em N. Deerr, *op. cit.* (I, 123-4, 132-3, II, 266, 278-9); U. B. Philips, *American Negro Slavery* (1918), 18; E. Donnan, *The Slave Trade to America* (1920) I, 17 – não posso aceitar suas estimativas –; G. Freyre, *The Masters and the Slaves* (1946), 463, n.; C. R. Boxer, *Salvador de Sá* (1952), 225 n.; Calógeras-Martin, *History of Brazil* (1939),27; Waetjen, "D. Negerhandel in Westindien u. Suedamerika" (*Hans. Gesch. Blaetter*, 1913, 417 fs.); J. Saintoyant, *Les colonies françaises sous l'ancien régime* I, 252; os *Annals of Commerce de Macpherson;* E. Williams, *Capitalism & Slavery* (1945).
116. Oldmixon, *The British Empire in America* (1708), II, 163.
117. Wadsworth & Mann, *op. cit.* 72 n. Enjalbert, *loc. cit.* A demanda das colônias de contrato (*settlement colonies*) como a Nova Inglaterra seria ainda melhor.
118. *Capital* I (1938 ed.), 775, 778-9.
119. Dos dados de "An Essay Towards Finding the Ballance of our whole Trade", em G. N. Clark, *Guide to English Commercial Statistics 1696-1782* (1938), L. A. Harper, *op. cit.* 266, Sir. C. Davenant, Works II, 17, V, 356, 403.
120. Macpherson, *op. cit.* vol. IV; Wadsworth & Mann, *op. cit.* 146-7.
121. Bem discutido em L. Dermigny, "Saint Domingue au 17e et 18e s." (*Rev. Hist.* 1950, n° 204, p. 237-8).
122. J. L. De Azevedo, *Épocas de Portugal Econômico* (1929). C. R. Boxer, *op. cit.* G. Freyre, *op. cit.* 253, uma interessante discussão sobre 1573 a respeito da superioridade da economia de *plantation.*
123. Lannoy & Linden, *op. cit.* 264 fs., 360; A. N. Coombes, *Evolution of Sugar Cane Culture in Mauritius* (1937).

Tradução: Celina Whately

A CRISE GERAL DO SÉCULO XVII*

H. R. TREVOR-ROPER

O meio do século XVII foi um período de revoluções na Europa. Foram revoluções diferentes de um lugar para outro e, se estudadas separadamente, parecem ter causas particulares e locais. No conjunto, porém, elas possuem tantos aspectos comuns que parecem quase constituir uma revolução geral. Houve a Revolução Puritana, na Inglaterra, que preenche os vinte anos de 1640 a 1660, mas cuja crise ocorreu entre 1648 e 1653. Nestes mesmos anos houve a série de revoltas conhecidas como *Frondes*, na França, e, em 1649, houve um golpe de estado ou revolução palaciana, que criou uma nova forma de governo nas Províncias Unidas da Holanda. Na mesma época dos problemas da Inglaterra, ocorrem os do império espanhol. Em 1640, houve a fracassada revolta da Catalunha e a revolta de Portugal, esta bem sucedida. Em 1641, quase houve também uma revolta em Andaluzia, e em 1647 ocorreu a revolta de Nápoles, a revolta de Masaniello. Os observadores da época acreditavam que a própria sociedade estava em crise, e que essa crise era geral na Europa. "São os dias da agitação...", disse um orador inglês em 1643. "E esta agitação é universal: no Palatinado, Boêmia, Germânia, Catalunha, Portugal, Irlanda, Inglaterra"[1]. Os diversos países da Europa pareciam simples palcos onde, embora em diferentes línguas e com variações locais, a mesma grande tragédia era representada simultaneamente.

Qual foi a causa geral ou a natureza dessa crise? Observadores da época que enxergassem além dos meros paralelos superficiais tenderiam a encontrar profundas razões espirituais. De que realmente havia uma crise eles tinham certeza. Desde 1618, pelo menos, já se falava em dissolução da sociedade e do mundo, a vaga sensação de melancolia daqueles anos era justificada ora pelas novas interpretações da Bíblia, ora pelos novos fenômenos nos céus. Com a

---

* Trevor-Roper, H.R. "The general crisis of the 17th century", in *Past & Present. A journal of historical studies*, n° 6, novembro de 1959. The Past and Present Society, Corpus Christi College, Oxford. Reprodução autorizada pelo autor e por The Past and Present Society.

descoberta de novas estrelas, e especialmente com o novo cometa de 1618, a ciência e a história pareciam confirmar os profetas do desastre. Foi nessa época que se tornaram modas as teorias cíclicas da história e foram previstos o declínio e a queda das nações – não apenas a partir da Bíblia e das estrelas, mas também da passagem do tempo e do processo orgânico de decadência. Depois de referir-se de passagem à influência corroborativa do cometa de 1618, um orador puritano afirmou, em 1643, que os reinos têm uma duração máxima de 500 ou 600 anos, "e todos os senhores sabem há quanto tempo ocorreu a Conquista"[2]. Do alto de nossa visão racionalista poderíamos supor que as novas descobertas da ciência levaram à negação dos vaticínios apocalípticos da Bíblia. Mas isto não aconteceu. O fato – interessante, porém inegável – é que entre os melhores cientistas do início do século XVI estavam também os mais instruídos estudiosos da matemática bíblica, e em suas mãos a ciência e a religião convergiam para a fixação, entre 1640 e 1660, da época da dissolução da sociedade e do fim do mundo[3].

Essa atividade intelectual é significativa porque mostra que a crise da metade do século XVII não foi uma surpresa, isto é, não se originou de acidentes repentinos. Ela estava instalada e era prevista – ainda que vagamente – mesmo antes dos acidentes que a fizeram eclodir. Não há dúvida que fatos isolados provocaram uma revolução maior e mais profunda em alguns lugares, e menor e mais superficial em outros. Também não resta dúvida que, em parte, a revolução teve um caráter universal graças ao simples contágio: a moda revolucionária se espalhava. Mas mesmo o contágio implica receptividade, pois um corpo saudável, afinal, não apanha doenças. Portanto, embora tenha havido acidentes e modismos, ainda assim devemos formular uma questão mais profunda: Qual foi a condição geral da sociedade da Europa ocidental que a tornou, na metade do século XVII, tão universalmente vulnerável – intelectual e fisicamente – à repentina e nova epidemia de revolução?

É claro que há algumas respostas óbvias. A mais óbvia de todas é a Guerra dos Trinta Anos, iniciada em 1618, o ano do cometa, e ainda em curso na década de 1640, anos de revolução. A Guerra dos Trinta Anos, nos países afetados por ela, sem dúvida preparou o terreno para a revolução. O peso dos impostos da guerra, assim como a opressão e a derrota militares, precipitaram as revoltas na Catalunha, em Portugal e em Nápoles. O deslocamento do comércio, que pode ter sido causado pela Guerra dos Trinta Anos, provocou o desemprego e a violência nas fábricas e no comércio de muitos países. Na Alemanha e na França, por exemplo, eram comuns as rebeliões de camponeses provocadas pelas passagens destrutivas ou o aquartelamento de soldados. Para compreender que a Guerra dos Trinta Anos foi um importante fator de insatisfação – que às vezes levou à revolução –, basta consultar o estudo de M. Roupnel a respeito de Borgonha naqueles anos; ou os relatórios enviados ao chanceler Séguier, que descreviam os constantes levantes dos camponeses franceses por causa da pressão dos impostos da guerra, ou as austeras gravuras de Callot[4].

A guerra, porém, não é uma explicação suficiente. Afinal, as guerras europeias de 1618-1659 não constituíam fenômenos novos, eram o reinício das guerras europeias do século XVI, de Carlos V contra Francisco I e Henrique II, de Felipe II contra Elizabeth e Henrique de Navarra e o Príncipe de Orange. Essas guerras tinham terminado com o final do século XVI – em 1598, 1604 e 1609. E em 1618, 1621 e 1635 tinham sido reiniciadas – conscientemente reiniciadas. Felipe IV seguia constantemente o exemplo de Felipe II, "mi abuelo y my señor"; o Príncipe Maurício e o Príncipe Frederico Henrique, por sua vez, o exemplo do pai, Guilherme de Orange; e Oliver Cromwell a "gloriosa memória da rainha Elizabeth". Richelieu e Mazarino procuravam inverter o veredito de Câteau Cambrésis, em 1559. E mesmo assim, no século XVI, essas guerras não tinham provocado revoluções. Além disso, as revoluções do século XVII foram, às vezes, independentes da guerra. A maior dessas revoluções aconteceu na Inglaterra, que era cautelosamente – ou ignominiosamente, segundo alguns – neutra. No país que mais sofreu com a guerra, a Alemanha, não houve revolução.

As guerras do século XVI não provocaram revoluções, embora, evidentemente tivessem havido de fato revoluções no século XVI – as famosas e espetaculares revoluções religiosas da Reforma e da Contrarreforma. Mas não podemos dizer que essas revoluções foram causadas pelas guerras, e além disso, embora espetaculares, foram bem menos profundas do que as do século seguinte, não provocando qualquer rompimento decisivo na continuidade histórica. Paralelamente às guerras de Habsburgo e Valois, às transformações dramáticas da Reforma e Contrarreforma, o século XVI mantém-se contínuo e unitário, e a sociedade, no fim do século, é bem parecida com a do início. Felipe II sucede a Carlos V, Granvelle a Granvelle, a rainha Elizabeth a Henrique VIII, Cecil a Cecil; mesmo na França, Henrique IV toma o manto de Henrique II, depois de um período de turbulências. A sociedade aristocrática e monárquica está intacta – até confirmada. De um modo geral, podemos afirmar que apesar de toda a violência de suas convulsões religiosas, o século XVI conseguiu absorver suas tensões e os pensadores conseguiram engolir suas dúvidas, e que no fim do século reis e filósofos sentiam-se igualmente satisfeitos com o melhor dos mundos possíveis[5].

Como é diferente o século XVII! O século XVII não absorveu suas revoluções, não é contínuo, mas quebrado no meio, irreparavelmente quebrado. No fim, depois das revoluções, quase não se pode reconhecer seu início. Intelectualmente, politicamente, moralmente, estamos numa nova era, em um novo clima. É como se uma série de tempestades terminasse num temporal final, clareando o ar e mudando, permanentemente, a temperatura da Europa. Do fim do século XV até a metade do século XVII temos um único clima, o clima do Renascimento. Então, na metade do século XVII, temos os anos de transformação, os anos de revolução; e daí em diante, por mais um século e meio, temos outro clima, bem diferente, o clima do Iluminismo.

Portanto, não acredito que as revoluções do século XVII possam ser explicadas simplesmente através das circunstâncias do século anterior, não revolucionário. Se quisermos uma explicação, devemos procurá-la na estrutura da sociedade. Pois todas as revoluções, embora possam ser ocasionadas por causas externas e expressas de forma intelectual, tornam-se reais e formidáveis pelos defeitos da estrutura social. Uma estrutura firme, elástica, e funcional – como a da Inglaterra no século XIX – resiste à revolução, mesmo que no estrangeiro esta seja epidêmica. Por outro lado, uma estrutura social fraca ou rija demais, embora possa durar muito tempo em isolamento, entrará rapidamente em decadência, caso infeccionada. A universalidade da revolução no século XVII indica que as monarquias europeias, que tinham sido suficientemente fortes para absorver tantas pressões no século anterior, tinham agora desenvolvido graves fraquezas estruturais; fraquezas que o reinício da guerra geral não provocou, mas apenas expôs e acentuou.

Quais eram as fraquezas gerais, de estrutura, das monarquias ocidentais? Os contemporâneos que analisaram as revoluções do século XVII entenderam-na como revoluções políticas, como lutas entre os dois órgãos tradicionais da antiga "monarquia mista" – a Coroa e os Estados. Na Espanha, a Coroa, tendo reduzido as cortes de Castela à insignificância, provocou a revolução da Catalunha, por desafiar as cortes do Reino de Aragão. Na França, depois do encontro dos Estados Gerais em 1613, Richelieu planejou interrompê-los, e eles nunca mais se reuniram até 1789; o *Parlement* de Paris reagiu na Fronde, mas apenas para ser derrotado por Mazarino e reduzido à insignificância. Na Alemanha, o imperador desafiou e reduziu o Colégio Eleitoral, embora os eleitores, como príncipes individuais, reduzissem suas próprias Dietas à insignificância. Na Inglaterra, o Parlamento desafiou e derrotou o rei. Enquanto isso, os reis da Dinamarca e Suécia, lutando contra ou dentro de suas Dietas, terminaram estabelecendo uma monarquia pessoal, enquanto o rei da Polônia, incapaz de imitá-lo, tornou-se fantoche de sua Dieta. De um modo geral, podemos dizer que a vítima universal do século XVII foi aquele conceito aristotélico, tão admirado em 1600, tão claramente extinto em 1700, de "monarquia mista". A posição foi descrita sumariamente pelo filósofo inglês James Harrington, que, em 1656, fez um diagnóstico da crise geral que tinha provocado resultados tão violentos em seu próprio país de *Oceana*. "O que aconteceu", perguntou ele, "aos príncipes da Alemanha? Destruídos. Onde estão os Estados ou o poder do povo na França? Destruídos. Onde está o poder do povo de Aragão e do resto dos reinos espanhóis? Destruído. Onde está o poder dos príncipes austríacos em Switz? Destruído... Ninguém conseguirá apresentar uma razão pela qual o povo da Oceana tenha destruído seu rei, e este não o tenha destruído primeiro".

Agora não pode haver dúvida de que, politicamente, Harrington tinha razão. A luta era uma luta pelo poder, pela sobrevivência, entre Coroas e Estados. Mas com essa afirmação, estamos realmente respondendo nossa pergunta? Se a revolução irrompesse em outro lugar que não nas desesperadas *jacqueries* rurais, só poderiam ser através do protesto dos Estados, Parlamentos, Cortes e Dietas; e se deveriam ser esmagadas, só poderiam ser pela vitória do poder real sobre o dessas instituições. Mas descrever a forma de uma revolução não é explicar sua causa, e hoje relutamos em aceitar lutas constitucionais como independentes e autoexplicáveis. Procuramos as forças ou interesses por trás das alegações constitucionais de cada lado. Que forças, que interesses eram representados pelos partidos revolucionários na Europa do século XVII – os partidos que, embora possam não as ter controlado (pois todos concordariam que houve outras forças também), mesmo assim deram poder e significado sociais definitivos às revoltas de Cortes e Dietas, Estados e Parlamentos?

Para esta questão já existe uma resposta, amplamente aceita. Trata-se da resposta marxista. Segundo os marxistas e alguns outros historiadores que, embora não sejam marxistas, aceitam o argumento marxista, a crise do século XVII foi no fundo uma crise de produção, e a força motriz de pelo menos algumas das revoluções foi a força da *burguesia* produtora, obstruída em sua atividade econômica pelo obsoleto, dispendioso e restritivo (mas zelosamente defendido) sistema produtivo da sociedade "feudal". De acordo com esse ponto de vista, a crise de produção foi geral na Europa, mas foi somente na Inglaterra que as forças do "capitalismo", graças a seu maior desenvolvimento e sua representação no parlamento, puderam triunfar. Consequentemente, enquanto outros países não fizeram qualquer progresso imediato em direção ao capitalismo moderno, na Inglaterra a antiga estrutura foi destruída e uma nova forma de organização econômica foi estabelecida. Dentro desta organização, o capitalismo moderno, industrial, pôde atingir seus resultados surpreendentes: não era mais a empresa capitalista "adaptada à estrutura geralmente feudal"; era a empresa capitalista, a partir de sua base insular recém-conquistada, "transformando o mundo".

É realmente fácil mostrar que houve transformações sociais no século XVII, e que, ao menos na Inglaterra, o capitalismo industrial era mais desenvolvido em 1700 do que em 1600. Mas fazer isso não é o mesmo que mostrar que as transformações econômicas precipitaram as revoluções na Europa, ou mostrar que o capitalismo inglês foi diretamente auxiliado pela "vitória" puritana de 1640-1660. Estas são hipóteses, que podem ser realmente verdadeiras. Mas é igualmente possível que sejam falsas: que os problemas de produção tenham sido irrelevantes às revoluções do século XVII de um modo geral; e que na Inglaterra o desenvolvimento capitalista tenha ocorrido independentemente da revolução puritana, que teria ocorrido ou poderia ter ocorrido sem esta revolução, e que talvez até tenha sido retardado e interrompido por ela. Se se pretende provar que a revolução puritana inglesa foi uma "revolução burguesa" vitoriosa, não é suficiente apresentar evidências de que o capitalismo inglês era mais avançado em 1700 do que em 1600. Deve ser provado que os homens que fizeram a revolução objetivavam este resultado, ou que este resultado não teria sido conseguido sem a revolução.

Realmente, parece-me que nenhum defensor da teoria marxista estabeleceu qualquer dessas ligações necessárias ao argumento. Maurice Dobb, cujo livro *A Evolução do Capitalismo* pode ser descrito como o manual clássico da história marxista, aceita convictamente que a revolução puritana inglesa foi um "avanço" crucial do capitalismo moderno. Ela carrega, segundo Dobb, "todas as marcas da clássica revolução burguesa". Antes dela, o capitalismo é rígido e frustrado, nunca progredindo além de um certo estágio, um parasita confinado aos interstícios da sociedade "feudal". Durante a revolução puritana inglesa o "período decisivo" do capitalismo atinge seu "ápice" e depois dela, os vínculos são quebrados e o parasita se transforma em senhor. De maneira semelhante, E. J. Hobsbawm, em seus dois artigos sobre "A crise geral da economia europeia no século XVII"[6], defende firmemente a mesma tese. "Se a Revolução Inglesa tivesse fracassado", ele escreve, "como tantas outras revoluções europeias no século XVII fracassaram, é perfeitamente possível que os desenvolvimentos econômicos pudessem ter sido retardados por muito tempo". Os resultados da "vitória" puritana foram "portentosos", nada menos que a transformação do mundo. Mas deve-se observar que embora Dobb assuma esta posição em todo o curso de seu livro, em nenhum lugar ele oferece evidências para prová-la. Assim que atinge o "período decisivo" do capitalismo, ele de repente se torna vago. "As linhas deste desenvolvimento", ele escreve, "estão muito longe da nitidez", ou "os detalhes deste processo estão muito longe da clareza e há poucas evidências relacionadas diretamente a ele". De fato, não é apresentada uma única evidência documental para o que é o tempo todo entendido como o acontecimento crucial de toda a história do capitalismo europeu. E Hobsbawm é ainda mais resumido. Ele se estende longamente na economia da Europa na época das revoluções e fala da "portentosa" importância da revolução puritana na transformação da economia. Mas da verdadeira conexão entre as duas, não diz uma palavra[7].

De um modo geral, parece-me que a identificação marxista das revoluções do século XVII com revoluções "burguesas" e "capitalistas" – bem-sucedidas na Inglaterra, fracassadas em outros lugares – é uma mera hipótese *a priori*. Os marxistas entendem, assim como nós, que a base para uma nova forma de sociedade "capitalista" foi assentada em alguma época entre a descoberta da América e a revolução industrial. Acreditando como doutrina que uma transformação tão grande não pode ser alcançada pacificamente, mas exige um "rompimento" violento de uma nova classe, uma "revolução burguesa", eles procuram esta revolução. Além disso, vendo que o principal país deste processo foi a Inglaterra, eles procuram essa revolução na Inglaterra. E quando eles encontram, exatamente a meio caminho dessas datas limites, a violenta revolução puritana na Inglaterra, exclamam *eureka!* A partir daí, as outras revoluções europeias se encaixam facilmente como revoluções burguesas abortivas. A hipótese, uma vez expressa, é ilustrada por outras hipóteses. No entanto, é preciso ser provada pela evidência, pois é provável que ela se baseie em premissas inteiramente falsas. Pode ser que as transformações sociais não exijam necessariamente revolução violenta, que o capitalismo tenha se desenvolvido na Inglaterra (como a democracia industrial o fez) pacificamente; e que a violenta revolução puritana não foi mais crucial na história da Inglaterra, do que, por exemplo, as revoluções Hussita e Taborita do século XV, na Boêmia, com as quais ela tem semelhanças tão óbvias.

Se, embora geral na Europa ocidental, a crise do século XVII não é uma simples crise constitucional, nem uma crise de produção econômica, então que tipo de crise foi? Neste ensaio eu sugiro que, na medida em que foi uma crise geral – isto é, ignorando variações não essenciais de um lugar para outro –, ela foi um tanto mais ampla e vaga do que isso: de fato, foi uma crise nas relações entre sociedade e Estado. Para explicar isto, tentarei analisá-la à luz de um passado mais remoto do que às vezes se pensa ser necessário. Pois as crises sociais gerais raramente são explicáveis em termos de simples décadas. Nós não procuraríamos explicar, hoje, a revolução comunista na Rússia partindo apenas de 1905, nem a grande revolução francesa partindo do reinado de Luís XVI. Consideraríamos, isto sim, necessário examinar todo o *ancien régime* que, na Rússia, encontrou seu fim em 1917, e, na França, em 1789. Do mesmo modo, se quisermos procurar uma explicação para a crise europeia geral da década de 1640, não devemos nos confinar à década precedente, atribuindo toda a responsabilidade (embora devamos, sem dúvida, atribuir alguma) ao arcebispo Laud na Inglaterra ou ao conde-duque de Olivares na Espanha. Devemos analisar, aqui também, todo o *ancien régime* que precedeu a crise, toda forma de Estado e sociedade que vemos continuamente em expansão, absorvendo todos os choques, tornando-se mais confiante no século XVI, e que, em meados do século XVII, chegam ao fim, o que por conveniência podemos chamar de Estado e sociedade do Renascimento europeu.

O "Renascimento" é um termo impreciso e vago. Defini-lo e localizá-lo no tempo tornou-se uma grande tarefa para os estudiosos em congressos internacionais e estudos de alto nível. Todos os termos gerais – *"ancien régime"*, "capitalismo", "idade média" – são imprecisos e vagos; apesar disto são úteis e nós os utilizamos apenas genericamente. E em termos gerais sabemos suficientemente bem o que queremos dizer por Renascimento Europeu. É a repentina expansão de nossa civilização, a excitante descoberta de mundo após mundo, aventura após aventura: o aumento progressivo da sensibilidade e esplendor que atingiu sua maior extensão no século XVI e que, no século XVII, começou a declinar. Expansão, extensão – estas são suas características essenciais. Pois o século XVI não é uma época de transformação estrutural na tecnologia, no pensamento do governo. Na tecnologia, pelo menos depois de 1520, há poucas mudanças. A expansão da Europa cria mercados e oportunidades maiores, mas a maquinaria da produção permanece basicamente a mesma. Assim também na cultura. Os grandes representantes do Renascimento europeu são universais, mas não sistemáticos. Leonardo, Montaigne, Cervantes, Shakespeare aceitam a vida; aventuram-se, observam, descrevem, talvez zombem, mas não a analisam, criticam ou questionam. E no governo, é a mesma coisa. As estruturas políticas da Europa não são alteradas no século XVI. São alargadas para abranger e reter novos impérios, às vezes vastos, mais vastos do que podem conter por muito tempo sem transformações internas. Apesar disto, até agora, não existe esta transformação. O Estado renascentista – até e além de 1600 – expande-se continuamente sem, no entanto, romper seu antigo invólucro. Esse invólucro é a monarquia medieval e aristocrática, o governo do príncipe cristão.

A ascensão dos príncipes, no século XVI na Europa, é um espetáculo fascinante. Surgem um após o outro, primeiro na Itália e Borgonha, depois em toda a Europa. Suas dinastias podem ser velhas, e mesmo assim seu caráter é novo; são mais exóticos e muito mais apaixonados do que seus predecessores. São homens versáteis, cultos, às vezes bizarros e até violentos. Confundem-nos com seus gostos perdulários, sua energia incrível, sua crueldade e *panache*. Mesmo quando são introvertidos, fanáticos, melancólicos, o são numa escala heroica: imaginamos Carlos V conduzindo seu próprio funeral em Yuste, ou Felipe II condenando metodicamente milhões de vidas futuras à monotonia das orações incessantes por sua própria alma. Sem dúvida, no século XVI, os príncipes são tudo. São déspotas sobre o passado e o futuro, mudam a religião e a verdade divina com um aceno, mesmo na adolescência; são sacerdotes e papas; autodenominam-se deuses, assim como reis. E, se quisermos entender a crise no final de seu governo, deveríamos lembrar que seu poder não surgiu do nada. Sua extraordinária expansão no início do século XVI não foi *in vacuo*. A Europa teve que abrir espaço para sua expansão. Os príncipes surgiram às custas de alguém ou alguma coisa, e eles trouxeram em seu séquito o meio de garantir seu novo poder repentino e usurpado. Eles surgiram às custas dos órgãos mais antigos da civilização europeia, as cidades, e trouxeram consigo como meio de conquista, um novo instrumento político, "a corte renascentista".

Não há muitos estudos sobre o eclipse das cidades europeias às vésperas do Renascimento, mas este é um fenômeno importante[8], pois como podemos imaginar a Idade Média sem imaginar as cidades, e quem pensa nelas depois de 1500? Na Idade Média, as comunas livres de Flandres e da Itália tinham sido as fundadoras do comércio e da riqueza da Europa, os centros das artes e ofícios europeus, as financiadoras de papas e reis. As cidades alemãs tinham sido o meio de colonizar e civilizar o Norte bárbaro e o Leste europeu pagão. Estas cidades, além disso, tinham tido seu próprio modo de vida e tinham imposto à Europa alguns de seus métodos de governo e escalas de valores. Em sua forma mais antiga, o próprio Renascimento tinha sido um fenômeno de cidade: tinha começado nas cidades da Itália, Flandres e do sul da Alemanha antes de ser tomado e transformado por príncipes e papas. E esse início de Renascimento tinha o caráter das cidades dentro das quais ainda estava contido. Como elas, ele era responsável, organizado e autocontrolado. Por maior que fosse a riqueza das cidades, por mais esplêndidas que fossem suas prefeituras e hospitais, suas igrejas e praças, existia, como existe sempre, nas cidades, um traço de previsão e autorrestrição. É a virtude do autogoverno cívico, embora controlado oligarquicamente: um espírito muito diferente do exibicionismo violento, perdulário e irresponsável dos príncipes que viriam.

Foi entre os séculos XV e XVI que surgiram os pretendentes à nobreza, e uma a uma as cidades sucumbiram. As ricas cidades de Flandres renderam-se aos duques de Borgonha, e as de Lombardia e Toscana aos príncipes da Itália. As cidades bálticas da Hansa foram absorvidas pelos reis da Polônia e Dinamarca, ou arruinaram-se pela vã resistência. Barcelona entregou-se ao rei de Aragão, e Marselha ao rei da França. Mesmo aquelas aparentemente virgens, Gênova e Augsburgo, foram realmente "cidades tomadas", anexadas por laços dourados ao rei da Espanha e ao imperador. O próprio doge de Veneza tornou-se um príncipe, governando cidades menores da *terra ferma*. Somente algumas, como Genebra, continuaram solteiras obstinadas. Até as exceções confirmam a regra. Por trás da nova prosperidade de Frankfurt, Ragusa, Hamburgo e Dantzig estava a fraqueza acidental dos príncipes ou o patronato indireto do príncipe.

Como norma, a rendição era o preço da prosperidade contínua: de que outra forma poderiam sobreviver as cidades, depois que os príncipes tinham descoberto o segredo de Estado? Subjugando a Igreja, estendendo sua jurisdição e mobilizando o campo, os príncipes tinham criado um novo aparato de poder, "o Estado do Renascimento", com o qual podiam cobrar impostos sobre a riqueza das cidades, proteger e estender seu comércio, apoderar-se e desenvolver sua arte e arquitetura. Se as cidades esperam crescer agora, isto deve ocorrer devido a novos métodos, não através da independência, pois esses dias já passaram. Poderiam crescer através do monopólio, como donatários únicos do comércio dos príncipes nesses domínios em expansão, como Lisboa e Sevilha cresceram com o assentimento dos reis de Portugal e Espanha; ou poderiam crescer como centros de consumo extravagante dos príncipes, como capitais reais. Em algumas das antigas cidades os príncipes vitoriosos estabeleciam suas novas cortes, que sugavam a riqueza de todo o país e derramavam-na na cidade onde residiam. Essencialmente, o século XVI não é uma época de cidades, mas de cortes; de capitais que se tornaram esplêndidas menos pelo comércio do que pelo governo. Não foi como cidades industriais ou comerciais, mas como cortes, que Bruxelas, Paris, Roma, Madri, Nápoles e Praga alcançaram seu esplendor no século XVI. E o brilho dessas cortes não é a autopropaganda discreta e complacente dos grandes mercadores com seus lucros calculados: é a magnificência despreocupada de reis e cortesãos, que não precisam contar porque não tem que lutar para ganhar.

A princípio as cidades se agitaram. Ghent resistiu a seus duques de Borgonha. As velhas cidades da Espanha reagiram a seu rei estrangeiro. Florença procurou destituir os Médicis, Gênova e Augsburgo só se renderam depois de incertezas e luta. Mas por fim, cada uma delas foi subjugada, e depois – se teve sorte – compensada pela chuva de ouro que vinha não do comércio, ou pelo menos não diretamente do comércio, mas da corte. E juntamente com as cidades, a antiga cultura da cidade também se transformou. Erasmo, pregando a paz e a justiça cívica e denunciando as guerras insensatas e a pródiga magnificência dos príncipes, é uma verdadeira figura do início do Renascimento, do Renascimento das cidades, culto, religioso, nacional; logo tornando-se mascote das cortes reais, até que foge para morrer numa cidade do Reno. Thomas More, cuja *Utopia* era uma liga de cidades virtuosas e independentes, é capturado e destruído pela corte esplêndida e canibal de Henrique VIII. Logo após 1500 a época da cultura de cidades independentes já tinha acabado. E também a época das contabilidades cuidadosas. Estamos na época das conquistas heroicas, visões impossíveis e sucessivas falências de Estados; a época de Colombo e Cortés, de Leonardo da Vinci e São Francisco Xavier, cada um deles, a seu modo, como Dr. Faustus, ainda em busca do conhecimento infinito, ou, como D. Quixote, perseguindo miragens inatingíveis, inconscientes das limitações mortais. E também a época cujos manuais elegantes não eram mais cívicos ou clericais, mas chamados *O Cortesão, O Governador, O Príncipe, A Instituição de um Príncipe Cristão, O Espelho* (ou *a Horologia) dos Príncipes*. Como foi possível este milagre? Quando estudamos aquela época, com suas ousadias incríveis, sua magnificência insolente na especulação e nos gestos, surpreendemo-nos em saber que durou tanto tempo. Por que a civilização europeia não explodiu no século XVI? Não só não explodiu, mas continuou sua expansão, absorvendo durante todo o tempo as tensões mais temerárias. Os turcos no Leste desarticularam os postos avançados da Europa; a Cristandade estava dividida pela revolução religiosa e pela guerra constante e mesmo assim, no final do século, os reis e suas cortes eram mais perdulários do que nunca. A corte da Espanha, outrora tão simples, tinha assumido um padrão de Borgonha; a corte da Inglaterra, outrora tão provinciana, tinha se tornado, sob o reinado da rainha Elizabeth, a mais primorosa da Europa e os príncipes da Itália e Alemanha, com palácios e bibliotecas, galerias de arte e *Wunderkammer*, filósofos e astrólogos, esforçavam-se para manter suas cortes. À medida que o século chegava ao fim, a consciência social definhava, pois uma transformação social parecia extremamente remota. Acaso algum arquiteto foi mais involuntariamente aristocrático do que Palladio, ou um poeta mais do que Shakespeare, ou um pintor mais do que Rubens?

Como, realmente, isso foi possível? Uma resposta é óbvia. O século XVI foi uma época de expansão econômica, foi o século em que, pela primeira vez, a Europa vivia às custas da África, Ásia e América. Mas também os príncipes eram sempre beneficiados, nunca derrubados por esta expansão porque tinham aliados que lhes asseguravam o poder e os conservavam firmemente no lugar. Os príncipes nunca poderiam ter estabelecido seu poder por si mesmos. Quaisquer que fossem as fraquezas na sociedade que lhes deu oportunidades, eles deviam sua permanência à máquina governamental que tinham criado ou aperfeiçoado, e aos interesses que essa máquina alimentava. Essa máquina, meio e consequência do triunfo dos príncipes, é o Estado do Renascimento, e é a este que nos dedicaremos agora, pois foi o Estado do Renascimento que, em boa parte da Europa, exterminou ou desgastou, pela primeira vez, o antigo poder das cidades e depois, por sua vez, no século XVII, enfrentou sua própria crise e se dissolveu.

Falamos com frequência do Estado do Renascimento. Como podemos defini-lo? Quando chegamos aos fatos, descobrimos que ele é, no fundo, uma grande burocracia em expansão, um imenso sistema de centralização administrativa, cujos membros constituem uma multidão sempre crescente de "cortesãos" ou "funcionários". Os "funcionários" nos são suficientemente familiares como tipo social. Pensamos nos grandes ministros dos Tudors na Inglaterra, cardeal Wolsey, Thomas Cromwell, os dois Cecil, ou nos *letrados* da Espanha, cardeal Ximénez, os dois Granvelle, Francisco de los Cobos, Antônio Pérez. Todos são administradores formidáveis, diplomatas maquiavélicos, cultos patronos das letras e artes, magníficos construtores de palácios e faculdades, ambiciosos colecionadores de estátuas e quadros, livros e encadernações. Pois evidentemente estes homens, como servidores reais, imitavam seus senhores na prodigalidade tanto quanto em outros aspectos. Mas o que é significativo no século XVI não é apenas a magnificência desses grandes "funcionários", mas o número – que crescia sempre – de funcionários menores que também, em sua escala menor, aceitavam os padrões e copiavam os gostos de seus senhores. Durante todo o século, o número de funcionários aumentou. Os príncipes precisavam deles cada vez mais, para compor seus conselhos e cortes, seus novos tribunais especiais ou permanentes – que eram o meio de governar novos territórios e centralizar o governo dos antigos. Foi por esta razão que os príncipes do Renascimento e seus grandes ministros fundaram todas aquelas escolas e faculdades. Não era para produzir sábios, ou para fazer progredir a ciência e o ensino, que as velhas faculdades foram reorganizadas ou outras novas foram fundadas pelo cardeal Ximénez ou pelo cardeal Wolsey, por Henrique VIII da Inglaterra ou João III de Portugal, ou Francisco I da França. É sabido que o novo aprendizado desenvolveu-se fora das faculdades e universidades, e não dentro delas. A função das novas fundações era satisfazer a demanda real de funcionários para os cargos das novas burocracias reais e, ao mesmo tempo, para a demanda pública de cargos, que eram a via para a riqueza, poder e satisfação dos gostos pródigos e competitivos.

Portanto, o poder dos príncipes do Renascimento não era apenas o poder principesco, era também o poder de milhares de "funcionários" que também, como seus senhores, tinham gostos extravagantes e, de alguma forma, tinham como satisfazê-los. E como eram gratificados? Os próprios príncipes pagavam a seus funcionários o suficiente para que estes tivessem aquela vida? Certamente não. Se tivesse sido assim, a ruína teria vindo mais depressa. Cobos e Granvelle sozinhos teriam levado Carlos V à falência muito antes de

1556, e Henrique VIII teria tido que dissolver os mosteiros quinze anos antes, para sustentar o peso econômico que significava o cardeal Wolsey. Somente uma fração do custo da burocracia real recaía diretamente sobre a Coroa, três quartos dos gastos recaíam, direta ou indiretamente, sobre a população.

Em toda a Europa, nessa época, os salários pagos aos funcionários do Estado eram baixos, eram pagamentos comuns cujo valor real diminuía em época de inflação; o grosso dos ganhos de um funcionário advinha de oportunidades particulares para as quais um cargo público era uma porta aberta. "Os lucros destes dois grandes cargos, o Chanceler e o Tesoureiro", escreveu um bispo inglês, "certamente eram muito pequenos, se analisarmos os antigos honorários e subsídios, pois os príncipes antigamente davam pouco, para que seus funcionários e servidores dependessem mais deles para suas recompensas[9]"'. O que o bispo Goodman disse da Inglaterra jacobina era verdadeiro para todos os países europeus. Os exemplos poderiam se multiplicar indefinidamente[10]. Todo funcionário, em toda corte, em todo país, vivia pelo mesmo sistema. Recebia um "honorário" ou salário trivial e, para o resto, fazia o que pudesse no campo que o cargo lhe possibilitava. Uma parte desses lucros era considerada perfeitamente legítima, pois não se esperava que um homem vivesse apenas de seus "honorários". Aceitava-se perfeitamente que ele cobrasse uma soma razoável por audiências, favores, assinaturas, que ele se aproveitasse do cargo para fazer bons negócios, que ele investisse o dinheiro público, enquanto em suas mãos, para seu próprio lucro. Mas é claro que havia outros lucros que, de um modo geral, eram considerados "corrupção" e, portanto, indecentes. Infelizmente, a linha divisória entre a decência e a indecência era apenas convencional, invisível, incerta e variável, diferente de pessoa para pessoa e de lugar para lugar, de tempo para tempo. À medida que o século XVI passava, o custo de vida subia, a pressão da competição aguçava e a disciplina real abrandava, havia um declínio geral de padrões. Os casuístas públicos tornavam-se mais indulgentes, a consciência particular mais elástica, e os homens começavam a esquecer a linha convencional e invisível entre "lucros legítimos" e "corrupção".

Consideremos alguns exemplos que ilustram o sistema. Na Inglaterra, o Curador Mor tinha um "honorário" de 133 libras por ano, mas até lorde Burghley, um administrador consciente, obteve "ganhos infinitos" – pelo menos duas mil libras por ano – com seus negócios particulares, sem contar suas vantagens não financeiras. Seu filho ganhou mais ainda. O honorário do Lorde Tesoureiro era de 365 libras por ano, mas em 1635, até o arcebispo Laud, o grande defensor da honestidade administrativa, avaliava que aquele grande funcionário tinha "vantagens honestas" para enriquecer a si mesmo com mais de sete mil libras por ano. O arcebispo fez este cálculo porque ele tinha se surpreendido com as somas muito maiores que os últimos lordes tesoureiros tinham ganhado às custas do rei e súditos igualmente. Em 1600 o honorário do lorde chanceler era de 500 libras por ano, e de fato dizia-se que o cargo "valia mais de três mil libras por ano". Para o lorde chanceler Ellesmere a quantia ainda parecia não ser suficiente, e, como muitos grandes homens, lamentava-se por não conseguir viver dentro do orçamento. Ele era considerado consciente e talvez, como lorde Burghley, fosse também hipócrita. Em todo caso, seus sucessores não tiveram esse tipo de dificuldade. "Como viveram os lordes chanceleres", exclamou o bispo Goodman, "como se encheram de dinheiro e que grandes aquisições fizeram, e que lucros e vantagens tiveram por ter tocado as compras com os dedos! Pois se o meu Senhor desejasse a terra, ninguém ousaria tirá-la de suas mãos, e ele deve tê-la pelo preço que quiser, pois qualquer suborno ou corrupção, é difícil provar. Os homens não chamam os outros para testemunhar esse tipo de ação"[11]. Todos os escritores do início do século XVII concordam que os lucros casuais de cargo tinham crescido enormemente, e estes lucros casuais eram multiplicados às custas do consumidor, o "país".

    Assim, cada antigo cargo concedido, cada novo cargo criado, significava uma nova carga sobre os súditos. A parcimônia real fazia pouca diferença. A rainha Elizabeth era considerada muito parcimoniosa, parcimoniosa demais, pelos seus próprios funcionários. Mas não foi louvada pela sua parcimônia em sua época. "Não temos muitos precedentes de sua liberalidade", diz um contemporâneo, "nem de grandes donativos a pessoas em particular... Suas recompensas consistiam principalmente em concessões de cargos e postos de magistratura; mas em dinheiro, e em grandes somas, ela era muito econômica"[12]. Em outras palavras, ela não dava dinheiro a seus cortesãos, mas o direito de explorar os súditos. A sir Walter Raleigh deu o direito de saquear os bispos de Bath, Wells e Salisbury, e de interpor seu próprio bolso entre o produtor e o consumidor de estanho; ao conde de Essex, o direito de arrendar o monopólio dos vinhos a comerciantes que se indenizariam elevando o custo para o consumidor. Todos os soberanos ingleses fizeram a mesma coisa. Não tinham o dinheiro, e assim, se quisessem recompensar seus preferidos e pagar seus empréstimos ou servidores, tinham que consegui-lo com desconto ou pagar excessivamente em espécie. Arrendavam terras da Coroa por um quarto (ou menos) do valor real, para que os "funcionários" concedessem monopólios que traziam para a Coroa menos de um quarto do que custavam para os súditos. Arrecadavam velhos e novos impostos irracionais, impondo encargos quádruplos aos contribuintes. O rei da França obrigava seus camponeses a comprar mais sal do que precisavam, a fim de aumentar o

A CRISE GERAL DO SÉCULO XVII

rendimento da gabela. Todos nós conhecemos o fardo em que se transformaram a tutelagem e o abastecimento nos reinados da rainha Elizabeth e do rei James. Ambos custavam, visivelmente, quatro vezes aquilo que traziam à Coroa. Invisivelmente – isto é, por trás daquela linha invisível – custavam muito mais[13]. Mas não era apenas a Coroa que agia desta maneira. A prática era universal. Os grandes homens recompensavam seus clientes exatamente da mesma maneira. A Igreja, que agora já havia se tornado em todo lugar um departamento de Estado, era semelhante. Estava sobrecarregada com suas sinecuras: clero ausente, leigos consumidores de dízimos. O grande número de funcionários eclesiásticos – "lagartas da Comunidade" – era uma das queixas contra a igreja anglicana na década de 1630. As terras da Igreja, assim como as da Coroa, eram arrendadas regularmente por aluguéis absurdamente baixos. Não era apenas o Estado – a sociedade toda estava desequilibrada.

Além disso – e cada vez mais, à medida que se deixava o século XVI para trás –, esta multiplicação de cargos cada vez mais caros excedia às necessidades do Estado. Originalmente, a necessidade tinha criado os cargos; agora os cargos criavam a necessidade. Todas as burocracias tendem a se expandir. Pelo processo conhecido como lei de Parkinson, os que detêm os cargos tendem a criar ainda mais cargos abaixo de si, para aumentar sua própria importância ou para oferecê-los a amigos e parentes. Mas, ao passo que hoje essa inflação é coibida pelas necessidades do Tesouro, no século XVI as necessidades do Tesouro positivamente encorajavam-na. Os cargos, no século XVI não eram concedidos de graça; eram vendidos, e pelo menos no começo, o dinheiro da compra ia para a Coroa. Se a Coroa conseguisse vender cada vez mais cargos a preços cada vez mais altos, deixando que os funcionários fossem pagos pela população, esta era uma maneira indireta – e também incômoda e irritante – de cobrar impostos. Consequentemente, os príncipes sentiam-se facilmente tentados a criar novos cargos, e lucrar com a competição que, por sua vez, provocava um aumento no preço. Quanto ao comprador, depois de pagar um alto preço, naturalmente procurava aumentar seus lucros ainda mais, a fim de indenizar-se, com boa margem, pelas despesas. Uma boa margem com a qual um homem ambicioso pudesse ter esperanças de, no fim, construir uma casa como Hatfield ou Knole, divertir a realeza em festas que custavam milhares, reter e premiar um exército de clientes, plantar jardins exóticos e colecionar objetos de arte e quadros.

Portanto, "o Estado do Renascimento" consistia, no fundo, em uma burocracia sempre crescente que, embora funcionasse a princípio, tinha se tornado no fim do século XVI uma burocracia parasitária. Esta burocracia crescente apoiava-se numa margem de "desperdício" igualmente crescente, que se situava entre as taxas impostas aos súditos e os rendimentos arrecadados pela Coroa. Como a Coroa não tinha condições de suportar uma perda absoluta de rendimentos, está claro que esta expansão do desperdício tinha que se fazer às custas da sociedade. Está igualmente claro que o desperdício só seria possível se a própria sociedade se expandisse em riqueza e em número. Felizmente, no século XVI, a economia europeia estava em expansão. O comércio da Ásia e os metais da África e América faziam funcionar a máquina europeia. Esta expansão pode ter sido desigual, com pressões e infortúnios, mas eram pressões do crescimento, que podiam ser absorvidas, e infortúnios individuais, que podiam ser tolerados. Falências ocasionais de Estados liquidam velhos débitos, não afetando necessariamente a nova prosperidade. A guerra aumenta o consumo, não exaurindo necessariamente as fontes de riqueza. Uma economia em expansão pode suportar muitas anomalias e muitos abusos. Poderia até suportar – desde que continuasse em expansão – as incrivelmente dispendiosas, ornamentais e parasitárias Cortes e Igrejas do Renascimento.

Mas por quanto tempo? Já em 1590 começam a aparecer os primeiros *cracks*. As pressões dos últimos anos devido às guerras de Felipe II provocam por toda parte um crescente volume de queixas, que não são dirigidas contra faltas constitucionais – contra o despotismo de reis ou as exigências dos Estados –, mas contra um ou outro aspecto ou consequência do crescimento e custo de uma burocracia parasitária. Embora a guerra não tenha criado o problema, ela o agrava. Quanto mais altos os custos do governo, mais o governo recorre àqueles agora tradicionais expedientes financeiros: criação e venda de novos cargos; venda ou arrendamento por muito tempo, a preços abaixo do valor, de terras da Coroa ou da Igreja, criação de monopólios, aumento dos impostos "feudais". Estes expedientes por um lado, multiplicam a já crescente burocracia e portanto o custo à população, e, por outro lado, empobrecem ainda mais a Coroa.

Embora as pressões já sejam óbvias na década de 1590, elas ainda não são fatais, pois a paz chega primeiro. Algumas mortes oportunas – Felipe II em 1598, rainha Elizabeth em 1603 – aceleram o processo, e em toda a Europa uma a uma as guerras vão se acabando. O sistema, que estava num estado de forte tensão, relaxa, e surge uma era de prazer e renovada extravagância. Será que houve uma era de tanta prodigalidade como no tempo entre o fim das guerras de Felipe II e a explosão da Guerra dos Trinta Anos, no tempo em que o mundo era governado, ou pelo menos gozado, por Felipe III e o duque de Lerma na Espanha, James I e o duque de Buckingham na Inglaterra, "os arquiduques" em Flandres, Henrique IV e Maria de Médicis na França? É um mundo de gastos leviano, esplêndidas construções, gigantescas festas e espetáculos exuberantes e evanescentes. Rubens, quando chegou à Inglaterra do duque de

Buckingham, maravilhou-se com aquela magnificência inesperada "num lugar tão distante da elegância italiana". Nenhuma nação do mundo, disse outro, pensando em Hatfield e Audley End, "como a de Nabucodonosor"; "todas as velhas e boas leis da economia", disse um terceiro, foram aplicadas. Mas, o embaixador espanhol, descrevendo a seu rei esses caros espetáculos jacobinos, diria apenas que, sem dúvida, eles pareciam bastante impressionantes "a quem não tivesse visto a grandeza e a pompa com que fazemos essas coisas na Espanha" – especialmente no tempo em que o duque de Lerma, cortesão responsável pela quase falência do rei da Espanha, partiu para encontrar sua futura rainha ornado com joias no valor de 34 mil ducados, e outras valendo 72 mil ducados carregadas atrás de si[14].

Esse é o caráter das cortes do Renascimento em seu último veranico depois do final do século XVI. Apenas a ponta visível e ainda iluminada do *iceberg* cujas partes estão escondidas de nós pelo esquecimento e cuja base ainda maior sempre esteve, mesmo na época, submersa. Pode-se perguntar, como isto poderia continuar? Mesmo na década de 1590, até uma burocracia bem menos cara e mais eficiente só tinha sido salva pela paz. Como poderia este sistema muito mais violento sobreviver, se a longa prosperidade do século XVI e a paz salvadora do século XVII fracassassem?

De fato, na década de 1620, ambas fracassaram ao mesmo tempo. Em 1618, uma crise política em Praga tinha movimentado as potências europeias, e em 1621 as guerras de Felipe II tinham reiniciado, trazendo consigo novos impostos, cargos e exigências. Enquanto isso, a economia europeia, já pressionada ao máximo pelos hábitos da expansão da época de paz, foi violentamente atingida por uma grande depressão, a universal "decadência do comércio" de 1620. Além disso, naqueles vinte anos, tinha sido criada uma nova atitude de pensamento pela aversão àquele carrossel dourado que custava à sociedade mais do que esta podia suportar. Foi uma atitude de ódio, ódio à "corte" e seus cortesãos, às extravagâncias dos príncipes e à corrupção burocrática, ao próprio Renascimento; em resumo, puritanismo.

Na Inglaterra, naturalmente pensamos em nossa própria forma de puritanismo: protestantismo extremo, continuação a limites insuportáveis da Reforma incompleta do século XVI. Não nos iludamos, porém, com simples formas locais. Esta reação contra as cortes do Renascimento, sua cultura e moralidade não estava confinada apenas a um país ou religião. Com a tese, a antítese também é geral. Na Inglaterra, existe o puritanismo anglicano, um "puritanismo do Direito". Que maior inimigo teve o puritanismo inglês, do que o arcebispo Laud, o prelado todo-poderoso que o levou para a América até que este retornasse e o destruísse? E no entanto ele também apresenta essa mesma reação. Acaso os puritanos ingleses denunciaram "a falta de encanto dos longos cabelos" dos homens, as roupas alegres ou a bebida? O arcebispo proibiu o cabelo comprido em Oxford, reformou o vestuário clerical e lutou contra as tabernas. Nos países católicos romanos foi a mesma coisa. Acaso os puritanos ingleses denunciaram e depois fecharam os teatros de Londres? Na Espanha – mesmo na Espanha de Lope de Vega – *pragmática* após *pragmática* denunciaram as peças de teatro. Na França, o jansenista Pascal também as detestava com a mesma força. Na Baviária, houve um moralismo católico – zelado por ações policiais – tão desagradável quanto a pior forma de puritanismo inglês. Houve também guerra idêntica contra a ostentação. Em 1624, Felipe IV da Espanha reduziu suas despesas, publicou leis suntuárias e aboliu o rufo – símbolo da magnificência na vestimenta – da Espanha por decreto, e da Europa pelo exemplo. Na França, o cardeal Richelieu fazia a mesma coisa. Foi uma guerra repentina, quase uma cruzada, contra a antiga extravagância do Renascimento. Em Flandres, Rubens sobreviveria a seus antigos patronos da corte, e voltava-se para as paisagens do campo. A literatura reflete a mesma mudança. Do famoso manual de Castiglione, *The Courtier* (O Cortesão), pelo menos sessenta edições ou traduções foram publicadas entre 1528 e 1619 e depois desta última data, durante todo um século, mais nenhuma.

Na década de 1620, o puritanismo e sua tendência geral triunfa na Europa. Aqueles anos marcam o fim do Renascimento. Acabaram-se as diversões. O sentimento de responsabilidade social, com seu lugar garantido dentro das cortes do Renascimento do século XVI – pensamos no paternalismo dos Tudors, no "coletivismo" de Felipe II – tinha sido expulso no começo do século XVII, e voltava com força. A guerra e a depressão tinham tornado a mudança enfática e até assustadora. Ao observar em um ano, lá vemos Lerma e Buckingham e Maria de Médicis. Observamos novamente, e já desapareceram todos. Lerma caiu e se salvou tornando-se cardeal romano; Buckingham foi assassinado; Maria de Médicis fugiu para o exterior. Em seu lugar, encontramos figuras mais severas, maiores e mais firmes, como o conde-duque de Olivares, cuja face volumosa e ameaçadora quase explode nas telas de Velázquez; Strafford e Laud, aquele par implacável, profetas da Perfeição na Igreja e no Estado; cardeal Richelieu, que com vontade de ferro governou e "refez" a França. Na literatura também a moda se transformou. Depois de Shakespeare, Cervantes e Montaigne, espíritos universais, com seu ceticismo e sua aceitação do mundo como ele é, encontramo-nos de repente numa nova época; ora de revolta ideológica, júbilo e ressurreição da Igreja e do Estado de Milton; ora de pessimismo, cinismo e desilusão conservadores, de John Donne e Sir Thomas Browne, de Quevedo e do Barroco espanhol. A época barroca, como diz Gerald Brenan, "– não é sempre que se pode dizê-lo – foi uma época rígida e contraída, voltada para si mesma e carente de autoconfiança e fé no futuro"[15]. Esta era a tendência do puritanismo geral, não doutrinário e moral, que na década de 1620 lançou seu ataque – ora de dentro, ora de fora – contra as cortes do Renascimento. Certamente, há diferenças de incidência e de personalidade de um lugar para outro, e estas diferenças podiam ser cruciais – o que teria acontecido se o arcebispo Laud tivesse sido realmente "o Richelieu da Inglaterra", como pensava sir Thomas Roe? Também havia diferenças na própria sociedade. Mas ao observarmos cuidadosamente, vemos que o peso sobre a sociedade é o mesmo, ainda que os ombros que suportam o fardo sejam diferentes. Por exemplo, na Inglaterra, o custo da Corte recaía pesadamente sobre a pequena nobreza. Esta constituía a classe que pagava impostos, tutelagens, abastecimento e todos os impostos indiretos que foram multiplicados pelos antigos Stuarts. Por outro lado, na França a nobreza era isenta de impostos, e a talha e a gabela, que foram multiplicadas pelos antigos Bourbons, recaíam pesadamente sobre os camponeses. Sem dúvida, os senhorios ingleses podiam passar uma parte de seus encargos para seus arrendatários. O empobrecimento dos camponeses franceses diminuiu as rendas de seus senhorios. Mas a diferença ainda é significativa. Era comum, na Inglaterra, contrastarem "os estúpidos camponeses da França" com seus "tamancos e calções de canhamaço", com os nossos próprios lavradores, mais prósperos. Isso é mostrado pelo resultado definitivo. Na Inglaterra, quando veio a revolução, foi uma grande revolução, conduzida e controlada pela pequena nobreza; na França, todo ano durante os mesmos vinte anos, houve revoltas – pequenas, porém graves – de camponeses. Apesar disso, se os revoltosos eram diferentes, a injustiça geral contra a qual se revoltaram – o caráter e o custo do Estado – era a mesma.

Em todo lugar, este é o centro de todas as queixas. De 1620 a 1640, este é o clamor do campo e o problema da corte. Podemos ouvi-lo dos bancos do fundo dos parlamentos ingleses, na década de 1620. Deparamo-nos com o problema nos grandes ensaios de Bacon, escritos entre 1620 e 1625, sobre "Sedição e Problemas" e "A Verdadeira Grandeza dos Impérios". Ouvimos o clamor na Espanha, nos protestos das *Cortes*, vemos o problema nos panfletos dos *arbitristas*, em *Conservación de Monarquias*, de Fernández Navarrete, com sua maravilhosa análise dos males sociais da Espanha, e no extenso memorando de Olivares a Felipe IV, descrevendo seu novo programa para o país[16], ambos escritos na década de 1620. Vemos ainda o problema na França, acima de tudo, no *Testament Politique* de Richelieu, escrito em 1629 e início da década de 1630, períodos em que todos os governos estavam enfrentando esses problemas, ou tentando enfrentá-los, antes que fosse tarde demais. E essas exigências, esses problemas, não são constitucionais, não estão relacionados com monarquia ou república, Coroa ou Parlamento. Nem são econômicos, não estão relacionados com métodos de produção. Essencialmente, são exigências de emancipação do peso da centralização, de redução de taxas, de redução de cargos inúteis e caros, inclusive – até na Espanha – de cargos clericais, de abolição da venda de cargos ("pois aqueles que arrendam ou compram cargos obrigam-se a ser um extorsor", e "aqueles que compram caro precisam vender caro"), de abolição da hereditariedade dos cargos, de abolição dos impostos dispendiosos indiretos que rendem tão pouco à Coroa, mas de cujo "desperdício" superabundante a orla crescente em torno da Corte se alimenta.

Assim, a tensão entre Corte e campo cresceu, desenvolvendo a "situação revolucionária" das décadas de 1620 e 1630. Mas as situações revolucionárias não conduzem necessariamente a revoluções – nem são necessárias revoluções violentas para criar novas formas de produção ou sociedade. A sociedade é um corpo orgânico, muito mais resistente e muito mais flexível do que seus mórbidos anatomistas geralmente supõem. As fronteiras entre as classes oponentes são sempre confundidas por uma complexa gama de interesses[17], e para um país passar de uma situação revolucionária para uma revolução, deve haver toda uma série de acontecimentos e erros políticos interferentes. Portanto, se quisermos ampliar este estudo, de crise para revolução, devemos considerar estes acontecimentos e erros políticos interferentes. Acontecimentos e erros que, por definição, devem variar de lugar para lugar, e cuja variação explicará, em parte, a diferença entre as revoluções naqueles diferentes lugares.

Talvez possamos entender melhor se considerarmos o meio de evitar a revolução. Se as cortes do Renascimento devessem sobreviver, é claro que pelo menos uma de duas coisas devia ser feita. Por um lado, as burocracias parasitárias deviam ser reduzidas (reforma administrativa); por outro, a burocracia que funcionava devia estar relacionada à capacidade econômica do país (reforma econômica). A primeira era bastante fácil de definir – qualquer senhor do campo poderia explicá-la em duas palavras – mas difícil de realizar: significava a redução de uma classe parasitária, mas ativa e poderosa e embora isto possa ser feito sem revolução, como foi feito na Inglaterra do século XIX – basta ler o *Extraordinary Black Book* de 1831, para ver a enorme orla parasitária que tinha crescido de novo em torno da corte do século XVIII –, é no mínimo uma operação delicada e difícil. A segunda era muito mais difícil de definir: significava a descoberta, ou a redescoberta de um sistema econômico. Mas essa definição estava presente no espírito dos pensadores do século XVII, e de fato vários deles, realmente enfatizavam, com bastante clareza, o tipo de sistema econômico que era necessário. Qual era esse sistema? Não era um sistema "capitalista" – ou pelo menos, se fosse capitalista, não tinha nada de novo. Não pregava a revolução, uma mudança no método de produção ou na estrutura de classes. Nem era defendido pelos pensadores revolucionários, mas por homens conservadores que desejavam pequena ou nenhuma mudança política. E de fato, o programa econômico que eles defendiam, embora aplicado a condições modernas, procurava seu modelo no passado. Pois o que defendiam era simplesmente a aplicação, às novas monarquias centralizadas, da antiga política, já experimentada, das comunas medievais que aquelas monarquias tinham eclipsado: mercantilismo.

A política das cidades medievais tinha sido uma política de economia nacional – dentro dos limites da cidade-Estado. A cidade tinha sido, ao mesmo tempo, uma unidade política e econômica. Sua legislação baseara-se em suas necessidades de comércio, controlando o preço do alimento e do trabalho, limitando as importações em defesa de seus próprios produtos, incentivando os métodos essenciais de comércio – pesca e construção naval, liberdade de tributação interna –, investindo seus lucros não no supérfluo ou na busca da glória, ou em guerras simplesmente de saque, mas na conquista racional de mercados e nas necessidades da economia nacional, em educação técnica, melhorias municipais e diminuição da pobreza. Em resumo, a cidade tinha reconhecido que sua vida precisava estar ligada a seus meios de subsistência. No século XVI, durante o desprestígio das cidades, em sua transformação em enormes capitais superpopulosas, centros apenas de comércio e consumo, muito de sua antiga cultura urbana tinha sido esquecida. Mas agora, na diminuição da prodigalidade das cortes do Renascimento, no século XVII, estava sendo lembrada. Os economistas desejavam ir mais longe: reaplicá-la.

Certamente eles a reaplicaram em circunstâncias diferentes, a diferentes formas nacionais. Considerava-se que os príncipes já tinham feito sua obra, não se podia voltar atrás. As novas nações-Estado tinham vindo para ficar. Mas, diziam os reformadores, uma vez instaladas, que elas agora apliquem às suas diferentes condições as boas e velhas regras das cidades. Que não reduzam a orla parasitária que tinha crescido em torno delas, simplesmente, mas também associem seu poder, num sentido positivo, com os objetivos econômicos. Que favoreçam uma verdade do trabalho, ao invés da fidalguia aristocrática ou pseudoaristocrática. Que protejam a indústria, assegurem o abastecimento de alimentos, eliminem a tributação interna e desenvolvam a riqueza produtiva. Que racionalizem as finanças e reduzam o aparato da Igreja e do Estado a uma proporção mais justa.

Para inverter a lei da burocracia de Parkinson, que reduzam as incubadoras que produziram os burocratas supérfluos: as escolas de ensino de línguas clássicas na Inglaterra, os colégios na França e os mosteiros e seminários teológicos na Espanha, Ao invés disso, que estabeleçam o ensino elementar local: trabalhadores especializados na base da sociedade, agora, pareciam mais importantes do que aqueles formados das universidades, sem emprego, ávidos por um cargo, que as novas fundações do Renascimento estavam criando. "Escolas clássicas", disse o grande intelectual sir Francis Bacon, "há demais". Ele e seus seguidores defendiam uma mudança no tipo de educação ou o desvio dos fundos para as escolas elementares. "Colégios", declarou o fundador da Academia Francesa, cardeal Richelieu, "há demais". O comércio das letras aboliria completamente o de mercadorias "que recompensa os Estados com riquezas", e arruinaria a agricultura, "a verdadeira ama de leite dos povos". "Mosteiros", declarou o Concílio Católico de Castela em 1619, "há demais", e orou para que o papa autorizasse sua redução, pois embora o Estado monástico seja, sem dúvida, o mais perfeito para o indivíduo, "para o público é muito perigoso e prejudicial". Assim, em um por um dos países, o protesto se levantou. Era a retomada do grande impulso educacional do Renascimento e da Reforma, o grande impulso religioso da Contrarreforma[18].

Reduzir as sinecuras opressivas e caras da Igreja e do Estado, e retornar, *mutatis mutandis*, à velha política mercantilista das cidades, fundamentada no interesse econômico da sociedade – estes eram os dois métodos essenciais de evitar a revolução no século XVII. Em que medida ambos foram adotados nos Estados da Europa ocidental? A resposta, considero-a instrutiva. Se analisarmos aqueles Estados, podemos encontrar – em termos de adoção ou rejeição de um dos métodos, ou de ambos – alguma explicação parcial das diferentes formas tomadas pela crise geral em cada um deles.

Na Espanha, nenhuma das duas políticas foi adotada. Apesar dos *arbitristas,* apesar da sabedoria de estadistas influentes, incluindo o maior dos embaixadores espanhóis, Gondomar, cujas cartas mostram que era um perfeito mercantilista[19], apesar do Concílio de Castela, e apesar mesmo de Felipe IV e Olivares, o sistema permaneceu basicamente inalterado. Independentemente dos projetos de reforma que ele possa ter alguma vez cogitado, dos começos de reforma ou reformas no papel que ele possa mesmo ter realizado[20], Olivares, assim como Richelieu, logo rendeu-se à necessidade e à realidade da guerra. Por outro lado, a Espanha – isto é, Castela – não tinha órgãos de protesto efetivo. A classe média era fraca e estava penetrada por funcionários. As velhas cidades das Cortes tinham sido derrotadas em seu último levante contra Borgonha, e as cortes de Castela constituíam, agora, um corpo aristocrático que não procurava fazer mais do que opor objeções. Apesar dos constantes apelos de redução e anulação das doações, a riqueza e o número de igrejas e mosteiros aumentava incessantemente, e o mesmo acontecia com os cargos da corte e a venda de cargos. Em 1621 – primeiro ano da crise e zelo reformador –, o número de funcionários reais fora fixado por lei. Em 1646, as cortes de Castela voltaram-se para as consequências concretas. Ao invés de um presidente e três conselheiros do Tesouro, havia agora três presidentes e onze conselheiros; ao invés de três *contadores* e um *fiscal*, havia agora catorze *contadores*; ao invés de quatro conselheiros de guerra, havia agora mais de quarenta; todos estes, assalariados ou não assalariados (pois seus salários, seus "honorários", eram, de qualquer forma, insignificantes), tinham seus divertimentos, despesas, residências, privilégios e outros lucros às custas do súdito[21]. É possível que o peso destes gastos tenha sido em parte redistribuído dentro do país, mas certamente não tinha sido reduzido[22], e nem a economia espanhola tinha sido capaz de suportá-lo. Durante aquele período, a riqueza nacional da Espanha não tinha aumentado, tinha diminuído. As vozes dos mercantilistas estavam abafadas. O comércio da Espanha estava tomado quase inteiramente por estrangeiros. A vitalidade da economia estava esmagada sob o peso morto de um *Ancien Régime* não reformado. Só no século seguinte é que uma nova geração de *arbitristas* – filósofos inspirados nos exemplos inglês e francês – teria novamente a força e o espírito para exigir de uma nova dinastia as mesmas reformas que tinham sido pedidas, com clareza, porém em vão, nos dias de Felipe III e Felipe IV[23].

Na Holanda do Norte, emancipada, a posição era bastante diferente. A Holanda do Norte foi o primeiro país europeu a rejeitar a corte do Renascimento, sua própria corte, a maior, a mais pródiga de todas, a corte de Borgonha que tinha se mudado e tornado tão fatalmente permanente na Espanha. A revolta da Holanda no século XVI não foi certamente uma revolta direta da sociedade contra a corte. Não é assim que as revoluções irrompem. Mas no curso da longa luta, a própria corte, naquelas províncias que se libertaram, foi uma vítima. Lá, todo o aparato da corte de Borgonha simplesmente se dissolveu sob a pressão da guerra. O mesmo ocorreu com a Igreja de Borgonha, aquele enorme e corrupto departamento do Estado que Felipe II tentou inabilmente reformar e cujos abusos os grandes patronos da revolta, a princípio, estavam tentando preservar. Sejam quais forem as causas ou motivo da revolução, as Províncias Unidas emergiram dela incidentalmente livres daquele sistema desequilibrado, cuja pressão, uma geração mais tarde, criaria uma situação revolucionária em outros países. Consequentemente, naquelas províncias, não existiu essa situação revolucionária. A nova corte dos príncipes de Orange poderia desenvolver algumas das características da antiga corte, mas apenas algumas, e como ela começou magra, podia suportar melhor um pouco de obesidade adicional. Sem dúvida houve crises na Holanda do século XVII – as crises de 1618, de 1649 e de 1672. Mas foram crises políticas, comparáveis não à nossa crise de 1640, mas de 1688, e foram cirurgicamente solucionadas pela mesma razão: o problema social já não era agudo. O aparato estatal, maior em cima do que em baixo, tinha sido expurgado, a sociedade inferior estava intacta.

Além disso, se as Províncias Unidas tinham se libertado do Estado do Renascimento mais por acidente do que por planejamento, a política também tinha alcançado lá a outra reforma, a econômica, sobre a qual escrevi. Não é que houvesse uma revolução "burguesa" ou "capitalista" na Holanda[24]. A indústria holandesa era relativamente insignificante. Mas seus novos governadores em busca de meios para resguardar sua liberdade dificilmente conseguida, começaram a imitar o sucesso e os métodos daquelas comunidades mercantilistas mais antigas que tinham preservado sua independência durante séculos através da combinação racional da riqueza comercial com o poderio marítimo. Adotando as técnicas da Itália, recebendo os especialistas emigrados da Antuérpia, e seguindo as velhas e boas regras da política veneziana, Amsterdã tornou-se, no século XVII, a nova Veneza do Norte. A originalidade econômica da Holanda do século XVII servia para mostrar que, mesmo após a conquista e reinado dos príncipes do Renascimento, a quem eles tinham expulsado sozinhos, o mercantilismo das cidades não estava morto, e podia ser ressuscitado.

A meio caminho entre a Espanha, completamente não reformada, e a Holanda, completamente reformada, encontra-se o que talvez seja o mais interessante de todos os exemplos, a França dos Bourbons. Pois no século XVII a França certamente não estava imune à crise geral, e na Frondas ela teve uma revolução, ainda que relativamente pequena. O resultado foi, como na Espanha, a vitória da monarquia. Vitoriosa sobre seus críticos e adversários, a monarquia do *Ancien Régime* sobreviveu na França durante mais um século e meio. Por outro lado, a monarquia francesa de Luís XIV não se assemelhava à monarquia espanhola de Felipe IV e Carlos V, não era economicamente parasitária. A indústria, o comércio e a ciência floresceram e não se desenvolveram na França, apesar do "fracasso" da "revolução burguesa", menos do que na Inglaterra, com seu "sucesso". Em 1670, no período de Colbert, em todas as suas manifestações, o absolutismo e o *Ancien Régime* eram perfeitamente compatíveis com o crescimento e o poder do comércio e da indústria.

E de fato, por que não? Pois o que tinha impedido este crescimento no passado, o que tinha causado a crise na sociedade não era a forma de governo, mas seus abusos. Embora estes abusos pudessem ser eliminados pela revolução, sua eliminação não exigia necessariamente uma revolução, sempre havia uma maneira de reformar. E embora a França (como a Holanda) tivesse tido seu fogo no século XVI, no qual tinha sido consumida incidentalmente uma parte de sua carga de desperdício, ela também alcançou, nos anos seguintes, algum tipo de reforma. O fogo, em verdade, tinha preparado o terreno. As guerras civis francesas do século XVI tinham também realizado algum bem, eliminando a proteção exagerada dos grandes nobres e reduzindo a proteção da corte à proteção do rei. Henrique IV, como príncipe de Orange e como Carlos II da Inglaterra depois dele, encontrou-se, em sua ascensão, livre de uma boa parte do antigo parasitismo com condições, portanto, de ceder um pouco ao novo. E com esta base, esta *tabula partim rasa*, ele pôde alcançar certas reformas administrativas. A *Paulette*, a lei de 1604 que sistematizava a venda de cargos, pelo menos regulou os abusos de que ela, frequente e erroneamente, foi acusada de criar. Sully, através de suas *économies royales*, realmente manteve baixo o desperdício em torno do trono. E, na década de 1630, Richelieu não apenas projetou uma completa política mercantilista para a França, mas também, mesmo no meio da guerra, conseguiu – o que Laud e Olivares, em tempo de paz ou de guerra não conseguiram – regular o mais dispendioso e incontrolável de todos os departamentos, o da família real[25]. Graças a essas mudanças, o *Ancien Régime* na França foi reparado e fortalecido. As mudanças podem não ter sido radicais, mas foram suficientes. Richelieu e Mazarino certamente tinham outras vantagens em sua vitoriosa luta para manter o *Ancien Régime* na era da revolta Huguenote e das Frondas. Tinham um exército absolutamente sob controle real, impostos cujos aumentos não recaíam sobre a pequena nobreza, reunida e com voz no parlamento, mas sobre camponeses dispersos e desarticulados, e tinham seu próprio gênio político. Mas possuíam também um aparato de Estado que já empreendera algumas reformas salutares, um estado que, na mente de Richelieu e nas mãos de seu discípulo Colbert, poderia se transformar em Estado mercantilista, racionalmente organizado tanto para o lucro quanto para o poder.

Finalmente, a Inglaterra. Na Inglaterra a coroa não tinha o mesmo poder político que na França ou na Espanha, e os impostos recaíam sobre a pequena nobreza, poderosa em seus condados e no parlamento. Na Inglaterra, portanto, era duplamente importante que o problema fosse enfrentado e resolvido. Até que ponto ele realmente foi enfrentado? Observemos os dois lados do problema, o administrativo e o econômico.

No século XVI o aparato do Estado inglês não tinha sofrido nem se beneficiado com qualquer acidente destrutivo como os que tinham acontecido à Holanda ou à França. A corte renascentista dos Tudors, cuja parcimônia na época de Elizabeth tinha sido tão irreal e cuja magnificência e esplendor tanto tinham impressionado visitantes estrangeiros, sobreviveu intacta no novo século, quando seu custo e sua pompa foram extremamente ampliados pelo rei James e seus favoritos. Já em 1604 Francis Bacon advertia o novo rei sobre o perigo. A corte, disse ele, era como a urtiga: sua raiz era a própria coroa "sem veneno ou perversidade", mas que sustentava folhas "venenosas e que picam onde tocam"[26]. Dois anos mais tarde, o maior ministro do rei James, Robert Ceceil, conde de Salisbury, temia uma revolução contra o mesmo ônus da corte, e em 1608, quando se tornou lorde tesoureiro, aplicou todas as suas energias a uma grande e imaginativa solução de todo o problema. Procurou racionalizar o recolhimento de impostos e o arrendamento de terras da coroa, reformar as despesas reais, liberar a agricultura das restrições feudais, e abolir tributos arcaicos em troca de outras formas de renda cuja renda total, ou quase – e não uma simples fração –, viria para a coroa. Em 1610, Salisbury dirigiu sua carreira política no sentido deste grande programa de reorganização, mas não conseguiu levá-lo até o fim. Os "cortesãos" e os "funcionários" que viviam no "desperdício" mobilizaram a oposição, e o rei, ouvindo-os, e pensando "não no que tinha mas no que poderia obter" das velhas, dispendiosas e irritantes fontes de renda, recusou-se a cedê-las. Dois anos após seu fracasso, Salisbury morreu, desaprovado pelo rei, não pranteado e até insultado por toda a corte que tinha procurado reformar e, através da reforma, salvar[27].

Depois de Salisbury, outros reformadores assumiram ocasionalmente a causa. O mais brilhante foi Francis Bacon. Primeiramente foi inimigo de Salisbury, mas depois da morte deste, passou a endossar suas ideias. Diagnosticou o mal – nenhum homem, talvez, diagnosticou-o tão completamente e em todas as suas formas e últimas consequências –, mas não poderia fazer nada para curá-lo, salvo com permissão real, que foi recusada, e Bacon foi derrubado. Depois de sua queda, nos anos da grande depressão, até a corte alarmou-se, e um novo reformador parecia ter obtido a permissão. Era Lionel Granfield, conde de Middlessex, que pretendia realizar pelo menos algumas das propostas de Salisbury. Mas a permissão, se concedida, logo foi retirada. Granfield, como Bacon, foi arruinado por uma facção da corte, liderada pelo favorito real, o duque de Buckingham, o chefe universal e explorador de todos aqueles cargos comerciáveis, benefícios, sinecuras, monopólios, patentes, lucros e títulos que, juntos, constituíam o sustento da corte. Assim, quando Buckingham foi assassinado e Strafford e Laud, os "puritanos do direito", subiram ao poder, herdaram dele uma corte totalmente não reformada[28].

Fizeram eles alguma coisa para reformá-la? Ostensivamente, sim. "A face da corte", como escreveu a sra. Hutchinson, "estava mudada". O rei Charles era visivelmente parcimonioso se comparado ao pai, mas esta parcimônia, como já vimos no caso da rainha Elizabeth, era relativamente insignificante. Laud e Strafford lutaram contra a corrupção da corte, sempre que a identificaram, mas deixaram o sistema básico intocado. Sempre que estudamos aquele sistema, descobrimos que, em sua época, seu custo não foi reduzido e sim, cresceu. As maiores festividades da corte nos dias de Buckingham tinham sido seus próprios espetáculos para o rei, em 1626, que custaram quatro mil libras; o conde de Newcastle, em 1634, elevou este custo para quinze mil. Um cargo que era vendido por cinco mil libras em 1624 alcançava quinze mil em 1640. As tutelagens que tinham rendido 25 mil libras à coroa quando Salisbury tentara aboli-las em 1610, chegaram a render 95 mil em 1640. E a proporção desperdiçada não era menor. De cada 400 libras tomadas dos súditos, apenas 100 chegavam à coroa. Como diz Clarendon, "A inveja e a reprovação vinham para o rei, o lucro para outros homens".

Em 1640, portanto, a corte inglesa, como a espanhola, ainda não estava reformada. Mas e a economia inglesa? Neste ponto já não se pode estabelecer o mesmo paralelo. Na Inglaterra não existia a separação absoluta entre a Coroa e os *arbitristas*, que era tão óbvia na Espanha. Os primeiros governos dos Stuarts não ignoravam os assuntos de comércio. Quer deliberadamente ou não, através de seus métodos financeiros, eles incentivaram a formação de capital e seu investimento na indústria. Mas é claro que há limites no que fizeram. Não satisfizeram os sistemáticos teóricos do mercantilismo, deram menor atenção à base da sociedade do que ao topo. Apesar disso, em muitos aspectos, favoreceram ou pelo menos permitiram uma política mercantilista. Procuraram neutralizar os processos industriais, proteger os fornecimentos de matérias-primas essenciais e monopolizar a pesca de arenque. Protegeram a navegação e preferiram a paz no exterior. Nos anos em que governaram viram o crescimento do capitalismo inglês, por eles promovido, numa escala até então desconhecida. Infelizmente, esse crescimento acarretou desarticulações e vítimas e quando a crise política aumentou a desarticulação e multiplicou as vítimas, a rígida e enfraquecida estrutura de governo não podia mais conter as forças rebeldes que tinha provocado.

Em 1640 os líderes do parlamento não procuravam – pois não precisavam – modificar a política econômica da coroa. Buscavam apenas uma coisa: reparar a administração. O conde de Bedford como lorde tesoureiro, e John Pym como chanceler das finanças, pretendiam reiniciar a obra frustrada de Salisbury: abolir monopólios, tutelagens e impostos prerrogativos, diminuir o "desperdício" e estabelecer a corte dos Stuarts numa base mais racional e menos dispendiosa. Feito isto, eles teriam continuado a política mercantilista da coroa, talvez estendendo-a através da redistribuição de recursos e da racionalização do trabalho na base da sociedade. Eles teriam feito para a monarquia inglesa o que Colbert faria para a francesa. Tudo o que necessitavam era que a monarquia inglesa, como a francesa, permitisse-lhes fazê-lo.

Evidentemente, a monarquia em si não significava um obstáculo. É absurdo dizer que essa política era impossível sem revolução. Não era mais impossível em 1641 do que o fora nos dias de Salisbury e Granfield. Não podemos supor que obstáculos meramente humanos – a irresponsabilidade de um Buckingham ou de um Charles I, o negligente obscurantismo de um Strafford – sejam necessidades históricas inerentes. Mas esses obstáculos humanos realmente intervieram. Se James I ou Charles I tivessem a inteligência da rainha Elizabeth ou a brandura de Luís XIII, o *Ancien Régime* inglês poderia ter se adaptado às novas circunstâncias tão pacificamente no século XVII quanto o poderia no século XIX. Pela falta daqueles atributos, porque sua corte nunca foi reformada, porque defenderam-na até o fim em sua forma antiga, porque ela permaneceu administrativa e economicamente – e também esteticamente – como "a última corte renascentista da Europa", ela chegou a seu desastre definitivo. Foi por causa de tudo isso que os reformadores racionais foram deixados de lado, que os mais radicais se adiantaram e mobilizaram paixões mais radicais ainda, e que por fim, durante o saque aos palácios e a quebra de estátuas e vitrais, a última das grandes cortes do Renascimento foi devastada, a estética real assassinada, seus esplêndidos quadros derrubados e vendidos e até suas belas catedrais góticas entregues ao abandono.

Assim, na década de 1640, em guerra e revolução, a mais obstinada e – no entanto, graças à sua estrutura política – a mais frágil das monarquias renascentistas se rendeu. Não se rendeu diante de uma nova revolução "burguesa". Nem mesmo diante de uma velha revolução "mercantilista". Seus inimigos não eram os "burgueses" – aquela burguesia que, como disse um orador puritano, "por um pouco de comércio e lucro" teria crucificado Cristo e libertado "este grande Barrabás de Windsor", o rei[29], nem eram os mercantilistas. Os mais hábeis políticos entre os rebeldes puritanos realmente adotaram uma política mercantilista agressiva, depois que a república foi estabelecida, mas com isso eles simplesmente reiniciaram a antiga política da coroa e, por isso, logo foram atacados e derrubados pelos mesmos inimigos, que os acusaram de trair a revolução[30]. Não, o vitorioso inimigo da corte inglesa era simplesmente "o país": aquela miscelânea indefinida e não política, mas muito sensível, de homens que tinham se revoltado não contra a monarquia (há muito eram ligados aos credos monarquistas) nem contra o arcaísmo econômico (eram eles os arcaístas), mas contra o vasto, opressivo e crescente aparato parasitário da burocracia que se tinha formado em torno do trono e acima da economia da Inglaterra. Esses homens não eram políticos ou economistas, e quando a corte se rendeu a seus ataques, eles logo descobriram que não conseguiam governar nem prosperar. Por fim, abdicaram. A antiga dinastia foi restaurada, e sua nova política mercantilista reiniciada. Mas a restauração não foi completa. Os velhos abusos, que já tinham se dissolvido na guerra e na revolução, não foram restaurados e, tendo desaparecido, sua existência foi facilmente considerada ilegal. Em 1661, o "Grande Contrato" de Salisbury e o imposto de Bedford foram finalmente alcançados. As antigas prerrogativas da corte – cujo crime tinha sido mais sua existência do que sua política – não foram ressuscitados. Charles II começou seu reinado livre pelo menos dos estorvos herdados da corte do Renascimento.

Esta, parece-me, foi "a crise geral do século XVII". Não foi uma crise de constituição ou do sistema de produção, mas do Estado, ou ainda, da relação entre Estado e sociedade. Países diferentes encontraram caminhos diferentes para se livrarem da crise. Na Espanha o *Ancien Régime* sobreviveu, mas apenas como uma carga desastrosa e imóvel num país empobrecido. Em outros lugares, como Holanda, França e Inglaterra, a crise marcou o fim de uma era: livraram-se da carga muito pesada e voltaram a uma política mercantilista responsável. No século XVII as cortes renascentistas já tinham ficado tão grandes, tinham consumido tanto em "desperdício" e tinham permitido que seus parasitas penetrassem tão profundamente na sociedade, que só podiam florescer durante um tempo limitado – um tempo, também, de prosperidade geral em expansão. Quando essa prosperidade fracassou, o monstruoso parasita estava destinado a cair junto. Neste sentido, talvez a depressão de 1620 não seja menos importante, como ponto histórico decisivo, do que a depressão de 1929. Embora tenha sido um fracasso econômico temporário, marcou uma duradoura transformação política. De qualquer maneira, as cortes reconheceram-na como a sua crise. Algumas cortes procuraram reformar-se, curar-se e reduzir as despesas. Seus médicos mostraram o caminho. Foi então que as velhas cidades-Estado, particularmente Veneza, embora agora em decadência, tornaram-se o modelo admirado, primeiro para a Holanda e depois para a Inglaterra. E no entanto, perguntou o paciente: essa reforma era possível, ou mesmo segura? Poderia uma monarquia ser realmente adaptada a um padrão que até então tinha sido perigosamente republicano? Seria qualquer operação política mais difícil do que a autorredução de uma burocracia estabelecida, poderosa e privilegiada? De fato, não se conseguiu a transformação em nenhum lugar sem um pouco de revolução. Se esta foi limitada na França e na Holanda, foi parcialmente porque uma parte do combustível já tinha sido consumido numa revolução anterior. Foi também porque tinha havido alguma reforma parcial. Na Inglaterra não tinha havido essa revolução anterior nem essa reforma. Havia também, no início do período dos Stuarts, uma ausência fatal de habilidade política; ao invés do gênio de Richelieu e da flexibilidade de Mazarino, a irresponsabilidade de Buckingham, a violência de Strafford e o constante pedantismo de Laud. Na Inglaterra, portanto, a tempestade do meio do século, que assolou toda a Europa, atingiu a mais instável, maior e mais rígida de todas as cortes, derrubando-a violentamente.

NOTAS

1. Jeremiah Whittaker, *Christ the Settlement of Unsettled Times*, discurso na Câmara dos Comuns, em 25 de janeiro de 1642-3.
2. William Greenhill, discurso no Parlamento, em 26 de abril de 1643.
3. Basta lembrar J. H. Alsted, o grande erudito e educador de Herborn, que também foi "o guia para milhares de nossa idade"; seu discípulo, J. A. Comenius, o grande educador da Boêmia; o discípulo inglês de Bacon, Joseph Mede, autor de *Clavis Apocalyptica;* e o matemático escocês Napier, que inventou os logarítmos para acelerar seus cálculos do Número da Besta do Apocalipse.
4. Ver G. Reupnel, *La vie et la Campagne au XVIIe siécle dans le pays dijonnais* (Paris, 1955); os documentos de Sequier podem ser encontrados, em francês, no apêndice a B. F. Porchnev, *Narodnie Vosstania vo Francii pered Frondoi*, 1623-48 (Moscou, 1948).
5. Esta observação – a crescente insensibilidade social dos pensadores do século XVI à medida que a sociedade monárquica, aristocrata, se torna mais autoconfiante – foi feita por Fritz Caspari, *Humanism and the Social Order in Tudor England,* (Chicago, 1954), pp. 198-204.
6. In *Past & Present,* Vol. 33, VI, 44, (1954).
7. Pelo que consigo entender, os únicos argumentos que Dobb apresenta para a existência dessa conexão são as afirmativas (1) de que os capitalistas da agricultura apoiavam o Parlamento ao passo que os antiquados senhores "feudais" apoiavam a Coroa; (2) de que "aquelas parcelas da burguesia que tinham quaisquer raízes na indústria (...) apoiavam cordialmente a causa parlamentar"; e (3) de que as cidades industriais, especialmente as de tecelagem, eram radicais. Nenhuma dessas afirmativas me parece suficiente. A afirmativa (1) é incorreta: a única evidência oferecida são as afirmações não documentadas de que Oliver Cromwell era um agricultor perfeito (que não é real: em verdade, tendo – segundo suas próprias palavras – "perdido suas propriedades", tinha declinado de proprietário para arrendatário de terras), e de que Ireton, seu lugar-tenente, era ao mesmo tempo um aristocrata rural e um mercador de tecidos (informações para as quais não tenho absolutamente nenhuma prova). De fato, alguns dos mais

óbvios "proprietários perfeitos", como o conde de Newcastle e o marquês de Worcester, eram monarquistas. A afirmativa (2) não é confirmada e, creio, é incorreta: sempre que se estuda a burguesia industrial – como em Yorkshire e Wiltshire – descobre-se que ela estava dividida em sua lealdade. A afirmativa (3) é correta, porém inconsequente; o radicalismo dos trabalhadores de uma indústria em depressão pode se levantar por causa da depressão, não por causa do "capitalismo".

8. Fernand Braudel falou sobre isso em sua grande obra, *La Mediterranée et le Monde Mediterranéen au Temps de Philippe II,* (Paris, 1949), pp. 285-291.
9. Godfrey Goodman, *The Court of King James I* (ed. 1839), I, p. 279.
10. Sobre esse assunto, de um modo geral, ver o ensaio "y a-Oil un État de la Renaissance", de Federico Chabod, in *Actes du Colloque sur la Renaissance,* Sorbone, 1956, (Paris, 1958), e também, para exemplos de Milão, o seu "Stipendi Nominali e Busta Paga Effetiva dei Funzionari nell' Amministrazione Milanese alia Fine dei Cinquecento", in "Miscellanea in Onore di Roberto Cessi II" (Roma, 1958) e "Usi e Abusi nell' Amministrazione dello Stato di Milano a mezzo il 1500" *in Studi Storici in Onore di Gioachino Volpe,* (Florença, Florenic). Sobre Nápoles, ver G. Coniglio, *Il Regno di Napoli al Tempo di Carlo V,* (Nápoles, 1951), pp. 11-12, 246, etc. Sobre França, ver R. Doucet, *Les Institutions de la France au 16ᵉ Siécle,* (Paris, 1948), pp. 403 e seguintes; cf. Menna Prestwich, "The Making of Absolute Monarchy, 1559-1683" in *France: Government and Society,* (1957). Dei alguns exemplos da Inglaterra em *The Gentry, 1540-1640,* (1953). Ver também J. E. Neale, "The Elizabethan Political Scene", (*Proceedings of the British Academy,* XXIV, 1948); K. W. Swart, *The Sale of Offices in the Seventeenth Century,* (Haia, 1949).
11. Ver, sobre curador mor, J. Hurstfield, "Lord Bughley as Master of the Court of Wards", *Trans. R. Hist. Soc.* 1949; sobre lorde tesoureiro, P. Heylin, *Cyprianus Anglicus,* 1668, p. 285; sobre lorde chanceler, Goodman, *loc. cit.; Manningham's Diary* (Camden Soc. 1868) p. 19.
12. Sir R. Naunton, *Fragmenta Regalia,* (ed. A. Arber, 1870) p. 18.
13. Sobre o custo dos monopólios ver W. R. Scott, *A History of English Joint-Stock Corporations* I, 1911; o custo da tutelagem aparece claramente nos estudos de Joel Hurstfield. Ele conclui que "os lucros não oficiais com o feudalismo fiscal tomados como um todo, era no mínimo três vezes superiores aos oficiais". "Fiscal Feudalism" in *Econ. Hist. Rev.* 1955-6, p. 58. A respeito dos fornecimentos, Bacon escreveu: "Não há lucro de uma libra que não contribua com Sua Majestade desta maneira que não provoque e crie um prejuízo de três libras sobre seus súditos, além do descontentamento". (*Works,* ed. Spedding, III, 185). A verdade dessa última afirmativa é claramente demonstrada no excelente estudo de Allegra Woodworth, *Purveyance in the Reign of Queen Elizabeth,* (Filadélfia, 1945). Sobre as terras da Coroa, Bacon declarou ao rei James que, administradas adequadamente, elas "renderão quatro vezes mais", *(Works* IV, 328), outros aumentam essa proporção, às vezes para vinte vezes mais. (cf. E. Kerridge, "The Movement of Rent", in *Econ. His., Rev.* 1953-4, pp. 31-2.) Também o conde de Bedford, em 1641, calculou que em alguns lugares a proporção era de vinte vezes mais.

14. *Correspondencia Official de... Gondomar,* (Madri, 1944) III, 232. P. Mantuane; *Casamientos de España y Francia,* (Madri, 1618), pp. 124-5, citado in Agustin Gonzalez de Amezuã, *Lope de Vega en sus Cartas,* (Madri, 1935) I, 70-1.
15. Gerald Brenan, *The Literature of the Spanish People,* (Cambridge, 1951), p. 272.
16. Publicado em Valladares, *Seminário Erudito,* vol. XI, Madri, 1788. (Devo esta referência ao sr. J. H. Elliot.)
17. E. G., neste caso, a interpenetração da burguesia e dos detentores dos cargos, que paralisavam as cortes espanholas, os *parlements* franceses e, até o parlamento inglês.
18. Sobre a proposta de Bacon, ver seus *Works,* ed. Spedding, IV, 249 e seguintes; sobre Richelieu, ver *Testament Politique,* (ed. Louis André, Paris, 1947, pp. 204-5); sobre a Espanha, ver a *Consulta del Consejo Supremo de Castilla,* publicada em P. Fernández Navarrete, *Conservación de Monarquias,* (Madri, 1947, Biblioteca de Autores Españoles, vol. XXV, p. 450).
19. Ver, em particular, Pascual Gayangos, *Cinco Cartas Politico-Literarias de D. Diego Sarmiento, Conde de Gondomar,* (Madri, 1869, *Sociedad de Bibliófilos,* Tom. IV).
20. Para um sumário dessas reformas, ver H. Bérindoague, *Le Mercantilisme en Espagne,* (Bordeus, 1929), pp. 85-104.
21. *Consulta* das Cortes de Castela, 18 de agosto de 1646, in Alonso Nuñez de Castro, *Libro Historio-politico, Solo Madrid es Corte,* 2ª ed. Madri, 1669, pp. 84 e seguintes. Todo este livro, escrito pelo cronista real e publicado pela primeira vez em 1658, ilustra o processo que estou descrevendo.
22. Sobre a redistribuição real (mas não legal) dos encargos fiscais na Espanha de Felipe IV, ver o interessante artigo de A. Dominguez Oritiz, "La desigualidad contributiva en Castilla en el siglo XVIII", in *Anuario de Historia dei Derecho Español,* 1952.
23. Sobre os *arbitristas* do século XVIII, ver a excelente obra de M. Jean Sarrailh, *L'Espagne Eclairée,* (Paris, 1954): que, porém, não apresenta a medida em que Ward, Jovellanos, Campomanes, etc. estavam repetindo o programa dos mercantilistas espanhóis no começo do século XVII.
24. Que a economia das Províncias Unidas não era uma nova e revolucionária forma de capitalismo, mas um retorno ao sistema das cidades medievais italianas, é o que argumenta Jelle C. Riemersma em seu artigo "Calvinism and Capitalism in Holland, 1550-1650", *Explorations in Entrepreneurial History,* I, (i), p. 8, com quem concordam até marxistas como Dobb e Hosbsbawm, que chama a economia holandesa de "uma economia feudal comercial", (*op. cit.,* p. 55).
25. Sobre o mercantilismo de Richelieu ver H. Hauser, *La Pensée et l'Action Economique du cardinal de Richelieu,* (Paris, 1944). Sobre a reforma das despesas reais, ver o artigo de M. R. Mousnier, no vol. I de *Histoire de France,* ed. M. Reinhard, (Paris, 1955). (Devo esta referência a J. P. Cooper).
26. Francis Bacon, *Works* (ed. Spedding) III, 183.

27. O público nunca fez justiça ao programa de reforma de Salisbury em 1608-12, embora o "Grande Contrato", que foi apenas parte dele, seja bem conhecido. Dos contemporâneos, apenas Sir Walter Cope e Sir William Sanderson, ambos ligados ao programa, procuraram torná-lo conhecido e entendido, mas nem *Apology for the Lord Treasurer* (oferecido ao Rei em manuscrito), de Cope, nem *Aulicus Coquinariae*, de Sanderson, foram publicado na época. O bispo Goodman e Sir Henry Wotton também o apreciavam, mas também não publicaram seu elogio. (Ver L. Pearsall Smith, *Life and Letters of Sir Henry Wotton*, 1907, II; Goodman, *op. cit.* I, 36-42, 487 -9).

28. Os projetos de Bacon estão dispersos em seus escritos, que Spedding reuniu. Basta apenas comparar suas várias propostas de reforma da Corte, do direito, da educação, das propriedades da Igreja e da Coroa, etc., com as exigências do partido radical na década de 1640, para constatar a veracidade da afirmação de Gardiner (in Dict. Nat. Biog., s.v. Bacon) de que seu programa, se executado, poderia ter evitado a revolução. Sobre a obra de Granfield, ver R. H. Tawney, *Business and Politics under James I*, (1958).

29. O orador era Hugh Peters, conforme citação em *State Trials*, V. I, 129-30

30. Aqueles que consideram a revolução toda como uma revolução burguesa com a força da política mercantilista do *Rump* entre 1651 e 1653 deveriam lembrar (a) que esta política, de paz com a Espanha, leis de navegação e rivalidade com a Holanda em pesca e comércio, tinha sido a política de Charles I na década de 1630, e (b) que ela foi repudiada, enfática e efetivamente, por aqueles que tinham tornado a revolução "bem sucedida" – o Exército Puritano – e somente revivida com a restauração da monarquia.

Tradução: Aldo Bocchini Neto

CADASTRE-SE

EM NOSSO SITE,
FIQUE POR DENTRO DAS NOVIDADES
E APROVEITE OS MELHORES DESCONTOS

LIVROS NAS ÁREAS DE:

História | Língua Portuguesa
Educação | Geografia | Comunicação
Relações Internacionais | Ciências Sociais
Formação de professor | Interesse geral

ou
editoracontexto.com.br/newscontexto

Siga a Contexto
nas Redes Sociais:
@editoracontexto